裁判員と死刑制度

日本の刑事司法を考える

シリーズ 時代を考える

伊藤和子／寺中 誠

新泉社

はじめに

今、マスメディアは犯罪の「増加、凶悪化、低年齢化、国際化」を叫ぶニュースで溢れかえっている。それと並行するかのように、先進国としては異常ともいうべきハイペースで、死刑判決は増加の一途をたどっている。その一方で、次々と冤罪事件が明らかになっている。その要因としては、警察・検察による取調べ室という密室での果てしなく続く取調べ、自白の強要、裁判所のいい加減な事実認定などが指摘されている。

そうした中での裁判員制度の施行。日本の刑事司法は、いま、どうなっていて、いったいどこへ向かおうとしているのか。

「刑事司法」ときくと、みなさんはなにを連想されるだろうか。多くの人は裁判所の法廷の荘厳な様子、そこでの検察官、弁護士、被告人、証人といった人たちのやりとりを思い浮かべるかもしれない。そして、そこで使われる言葉も耳慣れないものが多く、思わず敬遠したくなるという人も少なくないだろう。そもそも、政治や経済、社会一般の問題とくらべると、司法、とりわけ刑事司法は遠い世界の話のように感じる人が多いのではないだろうか。

だが、刑事司法は、決して法廷（公判）での出来事だけではない。そこにいたるまでの犯罪捜査、逮捕、取調べ、勾留、起訴といった刑事手続の諸段階、そして判決が下された後の刑の執行や受刑者の社会復帰、さらにはそのような犯罪とわたしたち一般市民はどう向き合うべきかといったことにまで及ぶ、幅広い社会の問題なのである。

本書は、裁判員制度と死刑制度をテーマに、聖学院大学で開催された伊藤和子氏と寺中誠氏の講演、学生との質疑応答、そして後日行われた伊藤・寺中両氏の対談を一冊にまとめたものである。

伊藤氏は長年冤罪事件に精力的に取り組んできた弁護士であり、人権ＮＧＯヒューマンライツ・ナウの事務局長である。２００９年5月から施行された裁判員制度について、それが問題を多々抱えていることは十分に認識しつつも、これまでの絶望的な刑事裁判を変えるには裁判員制度が有効であると唱える。寺中氏は国際人権ＮＧＯアムネスティ・インターナショナルの日本事務局長である。犯罪学・刑事法の専門家として、明確かつ力強く死刑制度廃止を説く。それぞれの立場から日本の刑事司法の現場で活躍され、また理論構築においても中心的役割を果たしている両氏の主張は、必ずや読者に刺激を与え、日本の刑事司法のあり方を考えるきっかけを提供するであろう。

刊行にあたっては、全体的にできるだけわかりやすい言葉で、しかし複雑な事象を乱暴に単純化することは避け、正確に記述するように心がけた。この種のテーマを扱った書籍としてはきわめて読みやすいものになっている。

本書を手にとられた読者が、これを契機として日本の刑事司法に関心をもち、自分たちの社会と深くつながっている問題として考えていただけることを願っている。

本書企画を代表して

石川 裕一郎

裁判員と死刑制度

目次

I

〈講演〉裁判員制度とこれからの課題

伊藤 和子

裁判員制度の創設

弁護士の伊藤和子です。私は１９９４年に弁護士になり、主に人権に関わる問題について活動をしてきました。一つの重要な分野として、これまで刑事裁判、特に無実の人が犯人だとされてしまう冤罪事件に携わってきました。同時に、無実の人が誤って処刑されたり、刑務所に入れられて犠牲になることがないように、と刑事司法の改革を提案してきました。そうした観点から、裁判員制度の制度設計にも関わり、さまざまな提言をしてきました。その裁判員制度が２００９年の5月から施行されます。

裁判員制度とは、簡単にいうと、刑事裁判に市民が参加し、市民と裁判官が一緒になって、刑事裁判の有罪・無罪、そして刑を決める制度です。原則として、裁判官は3名、市民は6名とされ、それぞれが対等な1票をもって判断をする制度です。

本日は、なぜそのような改革をすることになったのか、そしてこれからの課題について、私の体験もまじえてお話ししたいと思います。

私が法律家の見習いである司法修習生をしていた1990年代前半は、ロス疑惑といわれた三浦和義さんの事件が東京地裁で審理され、それから宮崎勤事件、リクルート事件といった大きな刑事裁判があり、私は刑事裁判に興味をもつようになりました。内側から裁判に関わる裁判官になりたいと思ったこともありますが、やはり、在野の立場から人権に取り組み、刑事裁判をよくしていく活動をしたいと思って、弁護士になる道を選びました。

これに先立つ1980年代には、免田事件、財田川事件、島田事件、松山事件という4つの死刑事件で、死刑囚だった人が実は無実だったことが明らかになり、再審で無罪になって死刑台から生還する、という出来事がありました。戦後の四大死刑再審事件といわれています。

そうした事件を受けて90年代前半は、これまでの刑事裁判がどのように間違っていたのだろうかということを裁判所自らが反省し、事実認定のあり方を変えようという動きがあり、私はそうした方向性に希望をもっていました。ところが私が弁護士になったころから、そうした機運は薄れ、司法の現場では反省・検証がだんだん少なくなり、逆戻りをしていったように思います。

日本の刑事裁判の問題点

私が弁護士になって実際に刑事弁護を担当してみて、非常にショックだったのは、刑事裁判の原則である「無罪推定」がまったく形骸化していたことです。現実は、その正反対の「有罪推定」なのだ、ということを弁護人の立場から、ひしひしと感じました。裁判というのは本来、検察側と弁護側がいてそれぞれの立場から議論を戦わせて、真ん中にいる裁判官が、公平なジャッジを下す仕組みになっています。しかし実際の裁判は、あたかもワンサイドゲームであるかのように、弁護側の主張はほとんど通らない。そういう経験を多く重ねてきました。

刑事裁判というのは人の自由や、場合によっては命さえ奪ってしまうものです。無実の人を誤って有罪にし、死刑にしてしまったり、刑務所に一生閉じ込めるようなことがあれば、取り返しのつかない人権侵害です。もしあなたの身にそんなことが起きたら、と想像してみてください。

そうだからこそ、刑事裁判では、「疑わしきは被告人の利益に」がもっとも大切な鉄則とされています。「何となく犯人らしいな」とか「常識的に考えると、この人が犯人である可能性がかなりの程度あるな」というだけでは有罪にできません。「こういう可能性もあるではないか」という無罪である可能性、そういった可能性をきちんとつぶせないかぎり、無罪と判決しなければならない。これが無罪推定の原則です。「もしかしたらこの人は無実かもしれない」という疑いをもつことが、人を有罪か無罪か決めるためにとても重要なのです。

ところが、この一番大事な原則が日本の刑事裁判では形骸化しているのです。現在、日本の有罪率は99パーセント以上です。つまり、犯人と疑われた人のうち、1パーセントに満たない人しか無罪にならないのです。この数字は、無罪推定どころか有罪推定になってしまっているという現状を示しています。

なぜ、有罪推定になってしまっているのか。一つには裁判官が捜査段階の自白をあまりにも重視しすぎる、自白の偏重という問題があります。裁判官は、捜査段階の自白があると、基本的にそれを採用して、ほかの証拠が十分でなくても有罪にしてしまう傾向があるのです。

捜査段階の供述を警察官や検察官がききとってまとめ、それを被疑者や証人に署名捺印させたものを「供述調書」といいます。裁判では、かなりぶ厚い供述調書が検察から裁判

所に提出されます。その供述調書、特に自白調書がほとんどフリーパスのように証拠として採用され、裁判官はその供述調書を読みこみながら、それを基に有罪判決を書いてしまう。法廷で行われた証言をもとに有罪か無罪を決める「公判中心主義」が刑事訴訟法の建前ですが、実際は捜査段階につくられた供述調書に基づいて判決を書いてしまう。そんな裁判の実態は「調書裁判主義」といわれています。

そうなると、捜査側はいきおい「では、自白を取ればいいではないか」となりがちです。日本には、いわゆる代用監獄という制度があり、警察の留置場に被疑者を最長23日間まで拘束することができます。その間、被疑者は取調べを受けなければならず、拒絶することができないのです。これを「取調べ受忍義務」といいます。

黙秘することはできる建前になっていますが、取調べ室に座って刑事の取調べを受けなければなりません。取調べ室の中でいろいろなテクニックが使われて自白をするように迫られ、23日間も取調べられていますと、だんだん心細くなってしまい、やってもいないようなことを自白してしまうのです。海外の専門家と話していると、この23日間の取調べは異常だと驚かれます。密室で警察から取調べを受けることはそれ自体黙秘権侵害による嘘の自白を引き出す危険があるので、アメリカでは2日間程度しか許されていないのです。

密室で取調べを受けている間には、どんな脅しがあるかわかりません。本心から自白をしたのか、脅かされて仕方なく自白をしたのかわからない。でも、被告人が裁判になって「本当はやっていないのに脅かされて自白をしました」と主張しても、裁判官がその言い分を信じてくれることはほとんどなく、自白は真実だと認められてしまいます。被告人の言い分を裏づける証拠はありませんし、裁判官は被告人より警察官を信用する傾向があるからです。

有名な刑法学者・平野龍一氏は、1980年代に書かれた論文で、「今の刑事裁判は絶望である」といいました。現在の刑事裁判は有罪・無罪を決める場所ではなく、捜査機関が料理をした供述調書に基づいて、有罪であることを確認する場所になっている、つまり日本の裁判所は捜査段階でほぼ決められた有罪を確認するだけのところだ、というのです。

このように裁判官がどんな時でも自白を簡単に証拠として認めてしまう傾向があるかぎり、違法な取調べやそれがもとになってつくり出される冤罪は後を絶たないと私は思います。

2003年に、鹿児島県の志布志という場所で県議会議員選挙に関わる選挙違反があったとして、運動員や地域住民が逮捕される事件がありました。この事件は後になって、まったくありもしないでっち上げの事件だったことが明らかになっています。警察が事件をつくりあげて、「関係者を自白させてしまおう」ということで長期間勾留し、自殺をしたくなるほどに人々を追い詰める取調べを行いました。親族の名前を書いた紙を踏むのを強要されたり、「地獄に落ちろ」と怒鳴られるといった、人格を否定するような取調べも行われたのです。これはたまたま明るみに出て大問題になり、全員が無罪になりましたが、これは氷山の一角にすぎず、こういう違法な取調べがあちこちで行われているのが日本の現状ではないかと思うのです。

無実を叫ぶ死刑囚——名張毒ぶどう酒事件

私が弁護を担当している名張毒ぶどう酒事件もそうしたケースです。私が生まれるより前の、1961年に起きた事件ですが、三重県名張市のある公民館で行われた村の懇親会で女性用に出されたぶどう酒に毒物が混入されて5人が死亡する事件が発生しました。奥西勝さんという住民が被疑者として取調べの対象となり、捜査段階で朝の9時から夜の11時までという取調べを毎日毎日受けて、ついに「ぶどう酒に毒を入れて、自分の妻を含む女性5人を殺しました」という自白をさせられてしまいました。

そして勾留期間中、毎日毎日取調べをされて、「こういうふうにやりました」という供述調書がたくさんつくられました。その供述調書をみますと、日によって中身がいろいろと変わっています。私はこの調書のあまりの食い違いをみて、「この人はやっていない」「やっていないからこそ、こんなに自白が矛盾したり変遷したりしているのだ」と、つくづく感じました。

この事件ではさすがに裁判所も第一審では無罪判決を出しました。捜査段階の自白は信用できないし、物証も乏しい、と判断したのです。ところが検察官が控訴し、高裁では、物証に関する鑑定が出されました。この鑑定は後でまったくの誤りであることが証明されたのですが、高裁はこの鑑定を信じ、自白の信用性も認めて、逆転死刑判決を言い渡します。そして、最高裁も死刑判決を支持して、死刑が確定してしまったのです。

死刑確定からすでに37年になりますが、奥西さんは獄中からずっと無実を訴えつづけています。私たち弁護団は、控訴審で出された鑑定が最先端の科学的分析をすればまったく見当違いであり、また改ざんされた鑑定であることを証明し、裁判のやり直しを求めました。ところが、いくら科学の光をあてて新しい証拠をつきつけても、裁判所が頑なに捜査段階の供述を信用し、裁判のやり直しを認めないのが現状なのです。

内側からは変わらない——市民からかけ離れた裁判官

この名張事件で、名古屋高裁に六度目の再審請求をしていたころ、私たち弁護団が担当裁判官3名と会う機会がありました。この時の裁判官の態度に、本当にショックを受けたことを私は今でも忘れられません。三十数年間、無実を叫びつづけている死刑囚がいる、その訴えに対して、裁判官の対応は、上から見下すようなものでした。私たちが行う申し入れに対して、問答無用で相手にしないというような態度だったのです。

獄中から司法の正義を信じて裁判のやり直しを求める死刑囚に対して、少なくとも、「もしかしたらこの人は無実なのではないか」という気持ち、事実認定に対する謙虚さ、慎重さをもって、裁判官には事件に取り組んでほしい。「自分たちのやっていることは、もしかしたら無実の人を死刑にする危険をともなうものかもしれない。だから慎重に被告人の訴えを聞かなければ」と肝に銘じて裁判に取り組んでもらわなければならないと思います。ところが、その裁判官たちには「もしかしたらこの人は無実なのではないか」という感覚がみじんもみられなかった。自分は高いところにいて、被告人は底辺にいる人なんだという圧倒的な立場の違いをみせつけるような光景でした。

その態度を目の当たりにして、私は、「ああ、こんな裁判官たちが日本の中に少なからず存在するのか。そして市民の声、普通に生活している人々の声から完全に遮断された場所で、弱い立場に置かれた人の痛みに共感することもなく、人を人とも思わないような感覚で毎日判決を下しているのではないか」と非常にショックを受けたのです。

これは1997年のことでした。私はこの経験から、こんな人々に独占されている刑事裁判では絶望的だ、市民参加を導入して今の刑事裁判に風穴をあけるしかない、人の痛みがわかる、人の気持ちがわかる普通の人たちに裁判に参加してもらうしか、このような裁判の状況を変えていくことはできない、とはっきり悟ったのです。

その後の名張事件の経過について簡単にお話しします。私たち弁護団は、第7次再審請求で「毒殺に使われた毒は奥西さんが所持していた農薬ではない」という明らかな科学証拠を突きつけることができました。それで2005年の4月に名古屋高裁が「疑わしきは被告人の利益に」という原則に基づいて、裁判のやり直しを認める再審開始決定を出しました。

やっと死刑台から生還する日が来ると私たちは信じていました。しかし、その翌年に、同じ名古屋高裁で、再審開始決定を取り消す決定が下されました。その理由は「毒物の鑑定があるけれど、もしかしたら有罪認定をした時の毒物だった可能性もなくなったとはいえない」ということでした。つまり無罪の証明をしないと駄目、といっているのです。

そして、「何よりも被告人は捜査段階で自白をしている」と振り出しに戻って自白を根拠に有罪を維持したのです。どんなに科学的な証拠を突きつけても、「捜査段階の自白があれば有罪だ」というのが名古屋高裁の決定で、再審の扉はふたたび閉ざされてしまいました。私たちは当然これを不服として、現在最高裁で審理が続いています。

この経過をみると、どれだけ刑事裁判における自白偏重が深刻なのかということがわかっていただけると思います。再審開始決定を取り消した裁判官は、「これだけの重大事件で、もしかしたら死刑になるかもしれないのに、無実の人がやすやすと嘘の自白をするということは、考えられない。自白をしたのは、被告人が真犯人だからにほかならない。だから彼は有罪である」と決定の中で長々と説明しています。

冒頭にお話しした、免田事件などの4件の死刑冤罪事件では、いずれも被告人は死刑相当の重大事件について嘘の自白をさせられ、それを裁判所が嘘と見抜けなかったために長い間無実の人が死刑囚として人生を奪われました。司法は、その反省をすっかり忘れて、自白さえあればどんな事件も有罪だという態度をこの決定で明らかにしたのです。

これが司法に本当に深くしみついてしまった自白の偏重、そして有罪推定なのです。

戦後ずっと長い間、1950年代、60年代から、こうした刑事裁判の問題点が主張されてきました。刑事裁判を変えようというさまざまな動きもありました。「疑わしきは被告人の利益に」に基づいた裁判にしてほしいという声をたくさん裁判所に届け、裁判官の意識を変えてもらおうとしたのですが、まったく変わらなかった。結果として、構造的に冤罪が再生産される状況を変えることはできなかったのです。

そこで、「この刑事裁判の構造を変えるには、内側からの努力では不可能。もっと外から普通の人が入って変えるしか、裁判所の現状を変革することはできない」というのが、私の出した結論でした。弁護士の集まりである日本弁護士連合会（日弁連）でも、「刑事裁判にアメリカの陪審制度のような市民が参加する制度を導入することによって、司法を民主化するべきだ。司法を民主化することによって、人権が保障される公平な裁判を実現しよう」と問題提起するようになりました。刑事裁判に選択的な陪審制度を導入しようという日弁連による運動が１９９０年代後半から始まったのです。私もこの活動に参加するようになりました。

アメリカの陪審制度

では、アメリカなどで行われている陪審制度とは、どのようなものなのか。私は日本に陪審制を導入するために、アメリカの陪審裁判を視察する機会が何度かありましたが、驚いたこと、新鮮だったことがいくつもあります。

みなさんも陪審制度についてはご存じかもしれません。陪審制度は、裁判の行われる地域から無作為に12人の市民が選出されて、12人の市民だけで、刑事事件の有罪・無罪を判断する制度です。刑事事件だけでなく民事事件も陪審制度で行われています。

選ばれる市民は人種も違えば性別も違う、職業もまったく違う人たちです。何のしがらみも上下関係もない人たちが、対等に議論して一つの結論を出すわけです。その中には、たとえばスーパーでレジ打ちをしている人もいれば、警察からひどい待遇を受けた経験のある人もいるわけです。いろいろな経験をもっている人たちが集まります。それから、日本の裁判官は男性が多いために、女性に対して間違った思いこみからひどい判決を書いたりする場合があり、「司法におけるジェンダー・バイアス」と批判されていますが、陪審員の場合、半数程度は女性です。

人間に、「偏りのない人」というのはいません。陪審員一人ひとりは、生まれた環境やさまざまな経験に基づいて自分独自の物の見方や判断の仕方をしています。そこには、ある程度の偏向も当然あるでしょう。しかし、生き方や経験の異なる人間が12人集まれば、みんなで議論しあって、中立な、公正な判断に近づいていくと考えられるわけです。しかも、アメリカの陪審制度では、有罪にするにしても無罪にするにしても、全員一致で決めなければならないことになっています。徹底して議論し、全員一致で決めるということです。

その中で大事な原則があります。それは何でしょうか。

私は実際に法廷で陪審員選定手続きをみて、大変感銘を受けたのが、次のような場面です。裁判官は、陪審員を選定する前に、陪審員候補者に次のように語りかけます。「あなたたちに与えられた仕事は非常に崇高な仕事です。この国の刑事司法はあなた方なしにはありえません。あなた方一人ひとりの判断によって、この国の正義は実現されるのです。そして今回は、1人の被告人の運命を決定する、有罪か無罪かを決めるという非常に重大な判断を、あなた方にしていただくことになります。その判断にあたって、どうしても守っていただかなければならない原則があります。これを守れない人は陪審員になることはできません」と。それは何かというと、先ほど日本で形骸化しているといった「疑わしきは被告人の利益に」という原則だというのです。「有罪であることが合理的な疑いなく証明されないかぎり、被告人を無罪としなければなりません。このことに従えますか」と一人ひとりが確認されます。選定手続きの段階で、無罪推定の原則に従うことが求められるわけです。そして実際、「この原則に従えない」という人は陪審員から排除されるのです。こうやって選定された陪審員は自然に、無罪推定原則に忠実に従って判断をすることになります。

そしてもうひとつ、私が感激したのは、弁護側のいうことを陪審員が本当に真剣な顔をして聞いている姿でした。陪審公判の最後に弁護側と検察側がそれぞれ弁論するわけですが、陪審員はみな、「もしかしたらこの人は無実かもしれない」と思いながら、「この弁護人が言っていることは、もしかしたら正しいのかもしれない」という真剣な表情で、食い入るように弁護人の話を聞いているのです。

このような場面は、日本の裁判の現場ではみたことがありません。弁護人が無罪を争う事件で弁論をしている間、裁判長はだいたい無関心な様子で、下を向いたりしています。『私は無罪です』と裁判官に真剣に訴えかけたのに、裁判官は下を向いて私の目をみてくれなかった、そして有罪と判決した」という話を被告人から何度も聞かされました。でも陪審員は違う。

1週間くらいの陪審裁判の視察の間中、同じ裁判所で無罪評決が出たというニュースを何度も聞きました。こうしたことは、すべて日本では起こらないことだったのです。

市民参加による裁判の改革

日本の裁判官は、司法試験に受かると司法研修所で研修を受け、そのあとすぐに、実社会での経験もないまま裁判官になって、その後何十年も裁判官をすることになります。そして、市民とは距離をおいて生活しようということになっていますので、ほとんど市民との直接的な交流はありません。官舎などに暮らして、家と裁判所を行ったり来たりという生活が非常に多いときききます。

そうした中で自然と世間の常識からかけ離れてしまうという指摘があります。一方で、裁判官がよく交流しているのは検察官です。検察官とは人事の交流もよくありますし、各裁判部には必ず対応した担当検察官がいますので、そういうところで自然と交流があります。しかし、一般の人との交流はありません。そうした中では、裁判官と被告人になる人々との間では、暮らしぶりや人生観、社会観がどんどん離れていってしまうことでしょう。

ですから、同じコミュニティに住んでいる一般の市民、「もしかしたら被告人の立場に自分がおかれたかもしれない。その時、自分だったらどうするか」ということも考えられる立場の一般の市民が裁判に参加して、真剣に議論をして判決を下すことが非常に重要なのです。市民が参加することによって、裁判の構造を変えるのです。

市民が裁判に参加することは、民主主義という面からの意義もあります。裁判という手段を通じて、国の重要な決定に市民が直接参加をする、そうしたことが日本の民主主義をよい方向に変えていく可能性があるのだと思います。これは刑事裁判だけではなくて、たとえば企業を相手にする損害賠償の裁判であるとか、行政を相手にする行政裁判であるとか、そういうところにも市民が参加をしていって、市民の声を司法の判断に反映させ、政策形成につなげていく。そういうことができていくと、本当に日本の民主主義に好循環をもたらし、民主主義の活性化につながるのではないかと思います。

これからの課題

こうして、日本の裁判に市民が参加することが提案され、２０００年から政府が開始した司法制度改革の議論の中でも一つの焦点となりました。日弁連や市民団体は陪審制度の実現を求めましたが、最終的に実現したのが、裁判員制度なのです。

今回創設された裁判員制度には、実は不十分な点がたくさんあります。第一に、民事事件や行政事件に対する市民参加は最高裁が絶対に認めず、実現しませんでした。

刑事裁判についても、陪審制には最高裁などの反対が強く、実現しませんでした。裁判官も判断に加わるシステムになってしまったのです。当初は、裁判官3名に対し市民が2名という、裁判官が簡単に主導できるドイツ型の市民参加モデルを裁判所が提案していた時期もありました。これでは市民参加が形骸化してしまうということで、市民をもっと多くしようと私たちも活動し、最終的に裁判官3名・市民6名というかたちになりました。

しかし、陪審制度は実現せず、３名も裁判官が関与する、徹底しない改革になってしまいました。

また、アメリカの陪審制度では徹底的に討議して全員一致で決めるのですが、裁判員制度では全員一致制ではなくて単純多数決制になってしまいました。徹底した議論に基づく判断ができるか、裁判官の意見に影響されて市民感覚が生かされない結果にならないか、という懸念があります。

さらに、すべての刑事事件にではなく重大事件のみ裁判員裁判を行うことになった点、被告人側には裁判員裁判と裁判官による裁判のいずれで裁かれるかを選択する権利がないことなどが問題点として挙げられます。また、陪審裁判で先ほどお話ししたような、無罪推定に関する十分な説明が裁判員裁判で行われるかどうかも不透明な部分として残っています。これを今後どうしていくか、見直しを議論していく必要があります。

それと同時に、自白が偏重される捜査の構造も改革しなければなりません。先ほどお話ししたとおり、密室で被疑者を、23日間も取調べることができる、そして、ひとたび自白が取られてしまえば、証拠上非常に重視される。そういった刑事裁判の構造自体を変えることが必要です。

冤罪をなくすために、被疑者・被告人の権利を保障する刑事司法改革が必要です。改革の方向性については、長い間叫ばれ、国連からも改善を求められてきましたが、今日まで実現しておらず、諸外国からも相当遅れた状況になっています。

まず、密室の取調べで何が行われたかが裁判で客観的に明らかになるように、取調べの最初から最後まで録音または録画をすることが必要です。これを「取調べの全面可視化」といいます。

これはヨーロッパやオーストラリア、アメリカの一部の州、最近では韓国や香港などアジア地域でも実現されています。ところが、日本では検察庁、警察庁の強い反対があり、実現していません。先ほどの志布志の事件での取調べに対する批判等を受けて、警察・検察は、自白をしたところを部分的に録画する制度を導入しました。しかし、自白した部分だけしかビデオテープに撮らないのはかえって冤罪の危険があります。結局、脅されて、「おまえ、自白しろ」と言われて、屈服させられて、最終的に自白をしたところだけ撮影されるというのは、裁判員にもかえって予断を与え、判断を誤らせる危険があります。実際に海外でもそのような誤判が相次いでいます。取調べは全面可視化、つまり最初から最後まで録画することが必要なのです。

次に必要な改革として、証拠開示があります。過去の冤罪事件では、被告人側に有利な証拠、被告人の無罪を示すような証拠を検察側が握っていて、弁護側に開示しないことが多くありました。先ほどふれた四大死刑再審事件でも、検察側の手持ち資料の中に被告人の無罪を示すような証拠があったわけです。今でもそうした証拠が裁判の前にも、そして裁判のやり直しを求める段階でも、開示されないという状況があります。

先ほどの名張事件でも、検察庁はいまだにキャビネット1個分くらいにも相当する未開示証拠をもっているそうです。無実を叫ぶ死刑囚が裁判のやり直しを求めているにもかかわらず、彼に有利な証拠があるかもしれないのに、開示をしてくれないのです。死刑が執行されるかもしれない、獄死してしまうかもしれない、そんな状況でも、被告人に有利な証拠を隠しとおすことが許されているのです。そういう状況が続いているわけです。

ですから、私たちは、取調べの全面可視化とともに、検察官が手持ちの証拠すべてを弁護側に開示すべきだと主張してきました。しかし、それもまだ実現していません。

こうした改革を実現していかないと、本当の意味で被告人側にも平等な刑事裁判の構造になっているとはいえないのです。

そんな改革が道なかばな状況でも、裁判員制度は始まってしまいます。それではどうすればよいか。

私はこれから裁判員になるみなさんが冤罪を生まない役割を果たしていただきたいと期待しています。

今、裁判員制度が始まるということで、刑事裁判に市民が参加することを前提として、刑事裁判に対する国民の関心が高まり、冤罪についても関心が寄せられるようになってきました。これは今までにないことです。

そして、ここに集まってくださっている一人ひとりの方が、これからは刑事裁判に参加をすることになります。その中で「証拠を開示しないのはおかしい」「取調べを可視化しないのはおかしい」ということをどんどん指摘していっていただきたいと思います。

多くの裁判官に染みついてしまった自白重視の判断や有罪推定の判断に対して、市民の立場から異議をとなえて、本当に「疑わしきは被告人の利益に」の原則に基づいた判断をしていただきたい。そうしたことを通じて、刑事司法を今までにないかたちで変えていくことができるのではないかと思うのです。

裁判員制度は、確かに不十分な制度です。しかし、それをよい方向に変えていく鍵を握るのは、裁判に参加することになる市民一人ひとりの方々だと思います。

みなさんと一緒に刑事裁判を変えていくことができることを心から期待しています。

（拍手）

【学生との質疑応答】

学生　現在、国民の多くが死刑制度存置に賛成という状況で、裁判員制度を導入するのはどうなのでしょうか？

伊藤　１９９０年代初頭ぐらいまでは、死刑制度について今ほど世論として賛成の人は多くなかったと思います。私が大学で法律の勉強をしていたころは、法務大臣の信念で死刑執行が停止されていたのです。その間、死刑を執行しないことについて、反対する世論は強くなかったと思うんですね。それが90年代のある時期、法務大臣が死刑を執行すると決断して、その時は非常に議論になりましたが、それからは、たとえば年間10人執行するということにもみんなが慣れてしまうような状況になっていったんだと思います。

ところで、同じ時期にヨーロッパでは、日本と同様に多くの人たちが死刑を支持していましたが、政治がリーダーシップをとって死刑を廃止して、今ではそれを支持する人たちが増えています。ですので、これは政治がイニシアティヴをとれば変わっていく問題ではないかと私は思っています。

あと、やはりメディアの役割は非常に大きいと思います。確かに、自分の肉親を殺された人が死刑を求めるのをみて、みんなが影響されているところが大きいと思いますが、そういった人たちの映像だけが多く流されているように思います。

逆に、死刑が執行される時、どのような状況で執行されているのか、そして冤罪を叫びながら死刑棟にいる人がどのような生活を送っているのかということについては、同じようなスポットが当てられていないと思うのです。情報量に大きな格差があることと、死刑、厳罰化を進める方向でメディアの情報がコントロールされていること。そこを変えてゆく必要があると思います。

学生　裁判員制度導入で一番影響を被るのは、やはり被告人だと思います。しかも、先ほどの質問にもあったように、日本には死刑制度があります。死刑に処される可能性と絡んで、裁判員制度が被告人の運命にどのような影響を及ぼすのか、本当に重要な問題だと思うのです。それにもかかわらず、これもメディアの影響なのか、一般の関心は「裁判員に選ばれることによって私たちの生活にどのような影響が出るか」というレベルに留まっているようです。しかし、一番大事なのは被告人の権利保障です。このような現状のまま裁判員制度を導入することに、不安を感じます。

伊藤　同感です。裁判員制度をめぐって非常に気がかりなのは、国民の負担が大きいということで、裁判を短くしよう、短くしようという雰囲気になっていることです。必要な論点、必要な証拠もバッサバッサと切り捨てて、国民の負担を少なくしようという方向になっています。今まで弁護側が主張できたようなことも主張できなくしようという流れになっています。

もし本当にそういう流れが確定してしまった場合、私も裁判員制度に反対せざるをえないのではないかと思うぐらい重大な問題だと思います。そうなったら、被告人の権利が一番侵害されることは間違いないと私も思うのです。

刑事裁判が最終的に誰に不利益を科す危険があるかというと、被告人に不利益を科す可能性が一番高いわけです。ですから私は、その被告人に裁判員裁判を選択するかどうか決める権利が当然あるべきだと思います。不利益を科される者に選択権があってしかるべきだと思いますし、裁判員制度下において被告人の防禦権がきちんと保障されなければならないと思います。

もうひとつ、最近の裁判員制度に関する広報で「気軽に裁判をやりましょう」とか、「気軽に参加してください」というメッセージばかりが伝えられていますが、とんでもないことだと思います。本当に人の一生を決めることですので、きちんと判断してもらわなければばならない。法律の原則に基づいてきちんとした判断をしていただくということを裁判員になった方々には求めなければならないと、私は思っています。

（２００８年10月16日）

II

〈講演〉死刑制度はいらない

寺中 誠

アムネスティ・インターナショナルと死刑制度廃止運動

アムネスティ・インターナショナル日本の事務局長をしております寺中と申します。きょうは現在の死刑を取り巻く問題について、みなさんと少し考えてみたいと思います。

アムネスティ・インターナショナルは国際的な人権NGOで、1961年に創設されました。世界的な人権問題、それからもちろん日本国内の問題も取り上げてまいりました。1970年代後半に死刑制度の全廃をぜひ実現するべきだと決定して、それ以降、全世界的に死刑制度の廃止に向けた活動を行っています。

実は、これはアムネスティのそれまでの活動スタイルとは少し違います。それまでアムネスティは、「こうした権利は認めていかなければいけないんだ」として世界人権宣言をはじめとする国際基準に条約化されているような、すでに定められている権利を擁護する活動をしてきたのですけれども、死刑の問題に関しては、１９７７年のことですが、「死刑制度を全廃する」と決めた時に、それを根拠づける国際的な人権条約はまだ存在していませんでした。もちろん世界人権宣言とか国際人権規約の中でその方向性は出されていましたけれども、「全廃せよ」という強い内容の条約はまだありませんでした。

そうした中で、国際的なルールとして「死刑を全部廃止させる」という意思をもってキャンペーンを展開しました。その結果、死刑廃止条約が１９８９年に国連で採択されました。ですので、現在は国際的な条約ができあがっていますが、もともとはアムネスティが運動を一からつくりあげて、この死刑廃止の活動を進めてきたわけです。

近代社会は死刑を克服しようとする

死刑の問題を扱おうとすると、どうしても「どこの国には死刑があって、どこの国には死刑がない」という話が出てまいります。現在の死刑廃止国数、死刑存置国数に関しては諸説ありますが、死刑を廃止していることを明言している国、それから死刑はしないということをほぼ明言している国などを合わせますと、現在、世界で死刑廃止国はすでに３分の2に達しているといわれています。死刑の存廃だけでみますと、死刑は廃止の趨勢にあることは明らかです。

「いや、そんなことはない」と思われる方もいらっしゃるかもしれませんが、ここで強調しておきたいのは、死刑の廃止は、「国際的な趨勢だ」とかいう以前に、人類社会が近代という時代に入って以降、完全にできあがっている傾向だということです。これは人間であるかぎり、つまり近代社会に生きる人であるかぎり、「死刑廃止に向かうべきだ」という方向性に異を唱えることはできない、死刑廃止に異を唱えるのは近代社会を受け入れないということに等しいと、私は思っています。

その理由はいくつもあるのですけれども、まず歴史的経緯を少したどってみたいと思います。

近代以前は、死刑は割合とあちこちで行われていました。近代以前の刑罰は、たとえば「いったんものを盗むと、盗んだ手を切り落とす」「もう1回盗むと、もう片方の手を切り落とす」「さらに何かやると、鼻をそぎ落とす」といったように「身体刑」と呼ばれるものです。また「もう二度と戻ってくるな」といってこの社会から追放してしまう。そういう刑罰も行われていました。

中世から近世にかけて、そうした刑罰制度があちこちで生きておりまして、そのころの死刑について、いくつかの文献に細かく書かれています。たとえば、ある人物が引きずり出されてきて、手足をそれぞれ別の馬に縄で結びつけ四方へ引かせる。八つ裂きの刑ですね。その人物は息も絶え絶えになって手足を引きちぎられていく。

非常に残酷なことだとみなさん思われるでしょうが、このとんでもない状態をみんなが見ているのです。公開処刑です。この「みんな」とはどういう人たちかというと、一般の市民。一般市民が家族連れでピクニック気分でお弁当を持ってやってきて、それを眺めているんです。当時、一種のレクリエーション、娯楽の一環として公開処刑が扱われていたのです。

すなわち、死刑は、娯楽としての役割、それから広報宣伝、目の前で殺すことによってみんなを威嚇するという広報宣伝の役割を多大に担わされてきました。ですから、王政転覆の際にかつての為政者が処刑される場面は明らかに公開処刑ですし、その時には、その為政者は最後のひと言をちゃんと言ったうえで、神の許しを請うて、そこで殺されるというような儀式も存在していました。

この時代、いわゆる「犯罪者」という存在は、実は世の中にたくさんいなかったといえます。なぜかというと、いったん犯罪をして、もう1回犯罪をして……、と繰り返す人は基本的に命を奪われてしまうからです。あるいは、身体の一部が切り離されてしまうからです。つまり、生き延びられない、犯罪行為をその後できない。ある意味では威嚇力が万全であるということなのかもしれません。

しかし、そういうふうに死刑をどんどんやってしまうと、人口は減っていきますし、幾多の悲劇も生まれます。それに対して、「そうではない。それを労働力に変えて、きちんと社会を担っていく人間にしよう」と頭をきりかえたのが、産業社会です。つまり、産業革命以降、死刑は背景に退いて、刑務所という制度ができあがってきます。

刑務所は近代になってできあがったのです。近代以前にも犯罪人を閉じこめておく場所はありましたけれども、それは刑務所ではないんですね。つまり、囚人がそこで暮らして、労働させられて、というような、今みなさんがイメージする刑務所は近代がつくりあげてきた制度だったわけです。これは何と引き替えに導入されたかというと、明らかに死刑と引き替えに導入されたのです。ですから、刑務所制度を導入した以上は、死刑というものは、はっきりいえば、時代遅れになったわけです。

しかし、人間はそう簡単なものではありませんから、時代遅れになったということを簡単には受け入れられない面もあります。どうしても「人を殺した人間を八つ裂きにしてやるんだ」というような意見も、その後ずっと続きます。現在でもまだ続いているのかもしれません。そういう考え方の中からできあがってくるのが、近代的な死刑制度になります。

近代的な死刑制度の典型は何かというと、ギロチンです。フランス大革命の時に、ギロチン制度が導入されます。それまでのひどい刑罰ではなくて、人道的に処刑するためにギロチンが導入されました。そこでは、首を切り落とすほうがきれいに死ぬからということで、「きれいな死」が要求されます。

しかし、もう一方で、そうした血を流すことははたして正しいのかどうかが問題になり、歴史上はじめて、死刑の廃止を正式に国の制度として決める国が出てきます。

ちなみに、それよりもはるかに昔、実は日本が死刑を廃止したことがありました。平安時代のことです。しかし、その時の死刑廃止というのは、いわゆる中央官庁が「死刑を回避する」という方針を出したのですが、地方ではさまざまなかたちで死刑に類することが行われていました。

さて、それはともかく、近代国家になった段階で、死刑廃止を定めたのは啓蒙専制君主でした。啓蒙専制君主が自身の意思でもって死刑を廃止すると判断したのが、18世紀から19世紀にかけて続きます。このことはあまり知られていないと思います。

これは別に人道的に、ということではなく、彼ら啓蒙専制君主が考えたのは、「それこそが近代だ」という感覚です。つまり、近代国家に変わるためには、死刑というものはもはや維持できないのだということを考えた君主がたくさんいて、それが死刑の廃止を実現していったということです。ただし、これは世論の支持を得てはいませんでした。世論はその段階でも、依然として近代以前の状態にあった。だからこそ啓蒙専制君主は「啓蒙」と呼ばれるわけです。つまり、その人々を啓《ひら》く。けれども、啓くのはそう簡単なことではないので、死刑はその後も温存されていきます。

隠された死刑の実態

しかしながら、こうした死刑を廃止するという方策がありえるんだというのは、近代の大きな発見です。「そうか、死刑をやめることはできるんだ」と考えた段階で、社会は大きく変容しました。公開処刑で、みんながピクニック気分でそれを娯楽として見るという状態は大きく変容し、その後、死刑は隠された存在となっていきます。秘密主義です。公開処刑は禁止され、処刑は壁のむこうで行われる。さまざまな情報はできるだけ人々に知らせないようにする。公開処刑とは180度逆の方向が生まれてきます。

なぜ、そうなるのかというと、死刑は「まずい」からです。死刑は、近代の原則からいくとまずい。だから隠さなければならないという発想に変わっていきます。

日本においても、死刑はまずいので隠さなければいけないという認識が、明治維新以降、急速に伸びてきます。江戸時代は死刑があったとみなさん思われるかもしれませんが、その時の死刑と明治時代に導入された死刑は大きく異なります。大きく変わったのが絞首刑の導入です。

絞首刑というのは、日本の伝統の中には存在していませんでした。首をつったり首をくくって自殺するということは昔からあったでしょうけれども、絞首刑は存在していなかったのです。絞首刑がはじめて導入されたのは明治維新後です。

それはなぜかというと、先ほどのギロチンと同じです。それまでは首を切り、さらし首にしていました。斬首《ざんしゅ》といいます。梟首《きょうしゅ》するという言い方もします。それが明治時代以降は「美しくない」ということになりました。そういうことは人間性に悖《もと》るという考え方が支配するようになります。「佐賀の乱」によって江藤司法卿が最後に斬首されます。それを最後に梟首は廃止され、絞首刑に取って代わられます。

絞首刑を導入したのは、西ヨーロッパにおいて絞首刑が一般的だということが認識されたからです。そうやって導入された絞首刑を制度化していったのが日本ということになります。

写真（次頁）は、30年ほど前の大阪拘置所の絞首台の写真です。現在の死刑執行場の写真は存在していなくて、これが唯一残っている写真です。大阪拘置所で実際に使われてい

絞首台

たといわれています。現在でも構造は基本的に同じです。

こういうロープの渡し方とか死刑執行方法は、法令で規定されています。根拠法令は「太政官布告」です（巻末資料参照）。明治時代のはじめに導入された、現在の近代的な法体制とはちょっと異なるものが依然として有効に使われている、これが現在の日本の死刑制度だということになります。すなわち、太政官布告で死刑を規定しているということは、死刑が日本の伝統に根ざすというよりは、日本が依然として近代になろうとする痛みを継続していることを表現しているものだということができると思います。

このように死刑というのは近代以前のもので、それを何とかして克服しようとしたのが近代化のプロセスである。そして、その近代化のプロセスの中で、死刑の廃止が進み、現在でも残っているのが日本だといえます。ですから日本もまた、本来は死刑はやめなければいけないという意識を共有しているはずなのです。そうでなければ、昔の切腹であり、斬首なり梟首ですんでいたはずです。伝統なのであれば。

しかし、そうではなく、近代化していこうという中で、死刑を廃止せずに秘密主義のヴェールに覆い隠している。現在、日本は、もっとも死刑の秘密主義が厳しい国だといわれています。

そういうふうにして全部を覆い隠してやっている、それは、死刑というものを隠さなければいけないというニーズがあるからです。一般の人々が死刑を直接目にするということは、これは近代的に許し難いからです。それはおそらくみなさんも同様ですね。

目の前で死刑が行われる、死刑が実際に進行している状況に立ち会う。それが許せる状況なのかどうか。近代人であるみなさんは、おそらくそれを許し難いと、道徳的、習慣的に感じるだろうと思われます。だからこそ、これは人道に反するものなんだと指摘されるわけです。

昔のように死刑が娯楽とされている社会では、おそらくみんな許し難いとは思わずに本当に娯楽ですませてしまったかもしれません。しかし、近代はそういう社会ではなく、そういう道徳でもなく、そういう感覚でももはやない。ですから、死刑が例外的なものなんだということは、これは否定すべくもないだろうと思います。

死刑に犯罪抑止効果はない

さて、存置国の中でも、この死刑の例外性を法律上規定している国と規定していない国があります。日本は規定していない国です。日本政府は、規定していないもっとも大きな理由を「世論がそれを許さないからだ」といっています。「世論が死刑を必要としている」と主張するのです。

それなら「世論が死刑を必要としている」のはなぜか、ということを詰めて考えなければいけません。何といっても死刑は、ある人間の命を強引に奪ってしまうことですから。国が予定を立て、執行され、そして命が奪われていくという、ほかにはまったくない制度です。人間がつくりだした「制度」なんです。そのようなかたちで人の命を奪うことを良しとするかどうかというのが、この死刑問題に関して、私たちが選択しなければいけないことになります。

死刑は必要である、という意見があります。「死刑がさらなる犯罪を抑止し、安全な社会をつくることができるのではないか」、「さっきおまえも言ったじゃないか、昔の社会では犯罪を重ねる者は追放されたり斬首された、と」。しかし、本当にそうなのでしょうか。

これは「死刑の抑止効果」と呼ばれるものですが、この抑止効果に関して科学的にさまざまな検証が行われてきました。その結果として、現段階で死刑の抑止効果を証明したものはありません。

死刑の抑止効果の研究は科学的には難しい点があります。なぜならば、科学的には、同じような状況、同じような法制度の下で、同じような警察力の下で、死刑がある場合とない場合をくらべなければなりません。しかし、そういう状況は生まれるはずがありません。特に重大な事件と呼ばれるようなもの、殺人事件などは、ほとんどの場合がそれぞれの特殊な状況によって左右されるからです。そこを何とか統計的に処理しようとしているのが死刑の抑止効果研究ですので、おのずから限界があるわけです。その結果、いくら調べても、死刑の抑止効果は出てこない。

一方、抑止効果が検証できるものもあります。抑止効果がもっとも検証できるのは逮捕率です。つまり、逮捕、起訴、そして有罪率が高い地域においては、主に繰り返す犯罪や、小さな犯罪などについて、抑止効果が明らかです。死刑ではなくて、逮捕、起訴、そして有罪になることが強い抑止効果を発揮するのです。すなわち、重大な犯罪を行う人間は、やった時にどんな結果がそれによって生じるか、つまり、自分が死刑になるかどうかということはたいして大きな問題だと考えません。

それはみなさんもそう思いませんか。何か非常に悩んで困って、何かしようとした時には、ほかのことはいっさい考えずに、まずそれに突き進みますね、その問題の解決のために。その問題の解決がたまたま人を殺すことだった場合、これが殺人事件となります。その時に、「はたして、自分はその結果、何になるのか」ということをふりかえる余裕があるでしょうか。ふりかえる余裕があれば、まずやりませんね。なかなか踏み出せないのが普通です。

ですので、殺人に関しては、「どんな刑罰があるか」ということにはたいして抑止効果はないんだという検証結果が出ます。それよりも「やったら捕まっちゃうよ」というようなことがみえて、「ああ、捕まっちゃまずいな」と思っていると、そこで抑止効果が働くという場面はあるようです。

このように死刑に抑止効果があるという検証はなく、むしろ、それ以前の逮捕率などのほうの抑止効果が高いということがもし本当だとすると、どのような刑罰にするかを抑止効果で決めてはいけないんだということになると思います。そうではなくて刑罰は、その人間がその後、どのように変化していくのか、その観点でみていかなければいけないのだろうと思います。

人間は社会的な動物ですから、社会のさまざまな環境に影響されます。ですから刑罰は、本人だけでなく、本人を取り巻く人々、場合によっては被害者の感情なども含めて、考えなければいけないのかもしれません。そういうことを考慮して量刑を決めていくことは、ありえる話だろうと思います。しかし、その時に、その人間の命を奪ってしまうということがはたして許されるのかどうか。そこの部分では、近代の原則から考えれば、命を奪うのは、やはり「いけない」といいたいのですが、もし、いけないといえないのだとしても、「よくよく慎重でなければならない」ということにたぶんなるだろうと思います。

では、「よくよく慎重である場合」というのは、どういう場合なのかが、今度は死刑を存置しなければいけないという話になってきた場合に考慮されなければいけません。よくよく慎重でなければならないという時に、どういう根拠、どういう理屈、どういう基準でそれを決めるのか。「ほかにはどうしようもない」ということが本当にいえるような状況というのはどういう場合なのか。

このあたりの考慮というのは、もし本当にやろうとしたら、ほぼ不可能です。ですので、この「どうしようもない時」という死刑の例外性の原則は、最終的には死刑はやってはいけないんだという原則に立ち戻るというふうに、私は思います。残念ながら現在、死刑廃止条約などを除く、死刑の廃止を正面からいっているもの以外は、基本的に死刑というものは「できるかぎり避けなさいね」という言い方しかしていないわけですが、「できるかぎり避けなさいね」ということは、実は「死刑はやめなさいね」ということに等しいといえます。

死刑存置論をつくりだす世論

ところが現在、犯罪が増えていて、社会が危険になってきていると考えがちです。いつ犯罪の被害に自分が遭うかわからないと不安を感じている人がたくさんいます。昔よりもひどくなっていると思われる人も多いでしょう。そこでデータをみてみましょう。

このグラフ（次頁）は、死刑と殺人件数との相関をみたものです。下のほうの棒グラフが死刑執行の人数です。最近になって急激に増えています。これはよく指摘されていることです。死刑判決数も増えています。下のほうの折れ線グラフです。最高裁が急激に増えていますが、重要なのは第一審の死刑判決です。２０００年ごろから増えています。つまり、２０００年ごろから、死刑判決に舵が切られているといえます。このグラフには示されていませんが、96年ごろから無期刑が増えていまして、このあたりから厳罰化が進んで

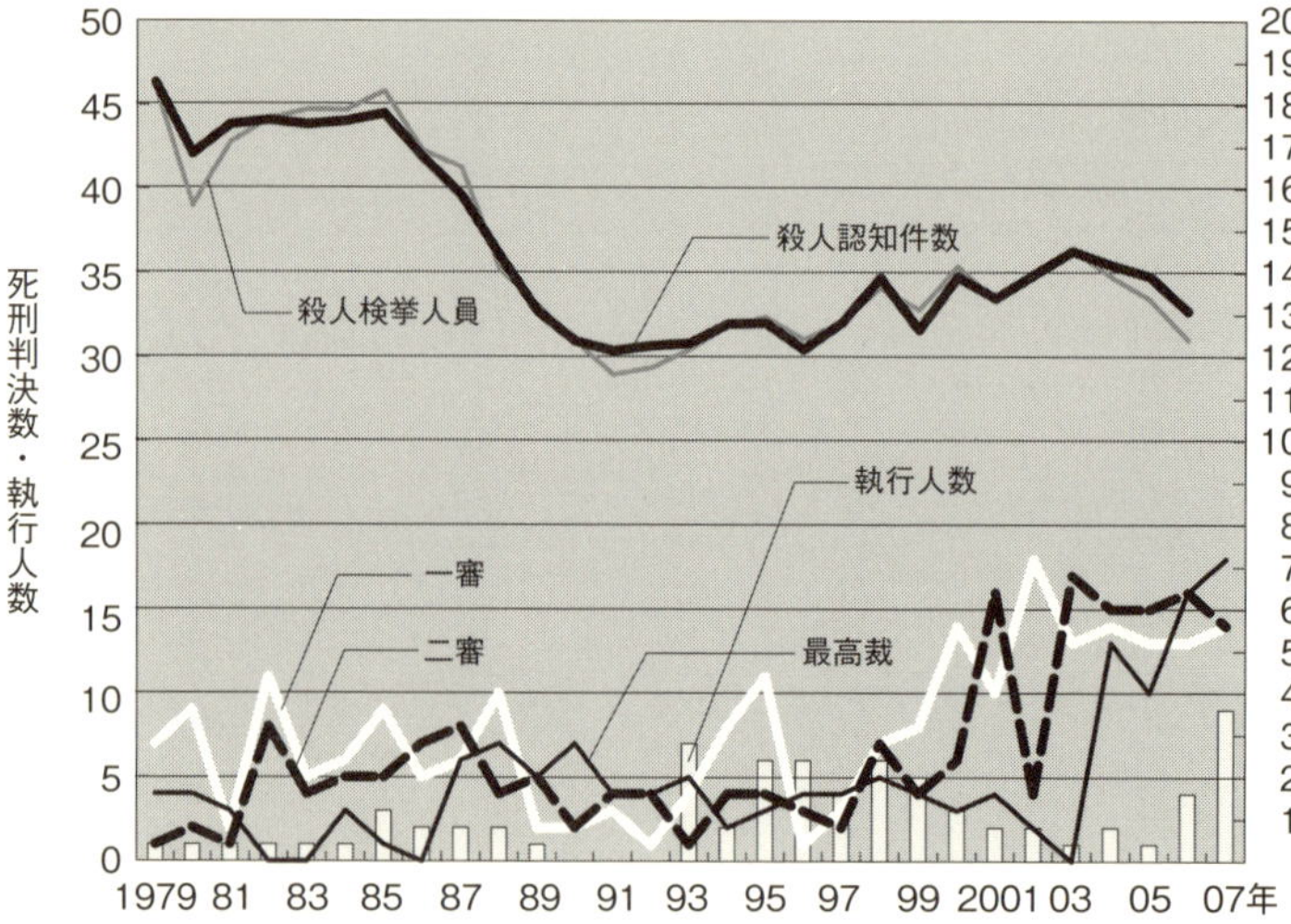

グラフ　死刑と殺人件数の相関

いることが明らかです。

それに対して、殺人件数はどうでしょうか。グラフの上のほうの折れ線グラフです。これをみればわかるとおり、90年代に入ると急激に落ちています。その後、厳罰化がいわれるようになってから、少し増えはじめますがそれも大きな幅ではなく、全体的には凋落傾向が継続しているかほんの少し増えた程度です。こうしてみると、死刑についてあまりいわれなかったころのほうが、殺人件数は落ちているのです。

こうした推移をみていただいても、「そんなばかな。そんなことはないよ。あれだけ日々報道されているではないか」と思われる人も多いでしょう。しかし、被害者数の推移、加害に基づく傷害、死亡、つまりこれが殺人ですね、その人数もずっと減っています。人口動態統計に出ている資料によりますと、１９８４年から２００２年にかけてずっと減っています。小さい子どもの被害もずいぶん注目されていますが、数に関していえば激減しています。１９８４年の時期のほうがはるかに多いのです。

では、何が増えているのか。それは報道件数です。殺人の件数はほとんど変わらない、あるいは減っているのですけれども、報道件数はどんどん増えているのです。その結果、ひどい状況がみんなの頭に刷り込まれる。情報として刷り込まれる傾向がここでみてとれます。つまり、報道が増えるがゆえに世論が形成されていくわけです。

もう一つの重要なことは、「増えているんだ、危ないんだ」と、キャンペーン的にいう人たちがいます。マスメディアもそうですが、さまざまな識者、あと政治家の中にもそう発言する人がいます。

２００８年10月に国連自由権規約委員会が日本の人権状況を審査して勧告を出しました。その勧告には、「世論の動向にかかわりなく」死刑廃止が望ましいことを社会に対して知らせるべきであると書かれています。「一般世論に対して、死刑を廃止すべきであるということを必要なかぎり説明しろ」と日本の政府に対して勧告しているのです。

国際人権規約には死刑の廃止が規定されていませんので、廃止しろとまでは勧告はいっていませんが、死刑は廃止すべきだという方向へ、一般の人々に対して説明するべきであり、その責任は政府にあるとしています。

復讐ではなく人権から考える

これは画期的な勧告ですけれども、この手の問題に関して世論の支持が得られることはまずありません。人権の観点で考えていくと死刑は廃止すべきだという方向に向けて一般の人々に対して説明するべきであるといえても、世論はそのように考えません。

人権の問題はもともと多数決と少数派の問題です。多数決でいけば少数派は必ず負けるわけです。そして最終的に負けてしまったら、彼らは抹殺されてしまう。だからこそ、彼らには人権があるんだという言い方になるわけです。つまり、マイノリティが生き延びるために人権は必要なんです。

その観点でいえば、多数決で人権の問題を解決するというのは、ありえない話です。「国民の大多数がこれを支持しているから、死刑制度を維持する」と日本政府は何度もいうのですが、それはおかしいと、自由権規約委員会からはっきりと勧告されました。これに対して、おそらく日本の一般世論は反発するでしょう。「私たちのいうことを聞くなといっているのか。それはとんでもないことだ。あんなもの無視してしまえ」というふうにたぶんいうでしょう。「それこそ自分たちの権利を侵害する勧告だ」と。だからこそ、そのような無視を許さないための、一定の権利保障措置というのが必要です。

あえていいますが、国家権力による刑罰が働く場面を制限しようという考え方を、実は「応報」といいます。応報というと、みなさんは「目には目を」ということで、むしろ死刑を推進する考え方ではないかと思われるかもしれません。しかし、「目には目を」とは、「目には目までで、命を奪ってはいけない」という意味です。「歯には歯を」とは、「歯を折るだけで、命を奪ってはいけない」という意味です。そういう制限するという意味が「応報」という言葉の中には含まれています。

応報という言葉は今、いろいろなところで誤解されて使われていると思いますが、何かが起きた時に、それに対して、制限を加えた制度として対応できる範囲というものを決めるものです。ですから、そこにこそ人権の配慮が必要なのです。応報という概念の中で、きちんと「ふさわしい報いはこの程度です」と決めていく。これが人権基準です。

その際に、絶対逃してはならないものは何かといったら、近代の原則としての人権の考え方、「人の命を奪うな」ということです。ですから、応報で人の命を奪ってはいけないのです。それが感情的なレベルでの復讐に流れていってしまうと、近代のさまざまな法体系や社会が根本から崩れさっていく。そのような近代社会の崩壊を、私たちは本当に望むのでしょうか。これが、私からみなさんへの問いかけです。（拍手）

【学生との質疑応答】

学生　私は、基本的に死刑制度廃止の反対派です。死刑制度はまだ廃止されるべきではないと思います。きょうのお話を聞いて意見が変わるかと思いましたが、変わりませんでした。

近代に入って人間の命の大切さが認識されるようになり、死刑制度は見直されるようになったことはとてもよく理解できるのですが、尊重されなければいけないその命を奪っている人が犯罪者、そして死刑囚だと思うのです。もし死刑がなくなったら、その命を奪った犯罪者たちは、どのような刑をもって罰せられるべきかというのが私の疑問です。

もちろん、刑務所にいる間は大変な労働もあると思いますし、「なぜやってしまったのか」という自分への問いかけや、これからどうやって生きていくのかということで犯罪者も悩むと思います。しかし、現実は命を与えられ、食事も与えられています。その費用は私たちが納めている税金から賄われているということが、どうも腑に落ちない。「大切な人権」というのはよくわかるのですが、そこがあまり理解できないのです。

寺中　今のご質問にはわかる部分と、わからない部分とがあります。わからない部分は、「では、あなたはどう罰すればよいと思いますか?」ということです。わかる部分は、命というものを奪う人がいた場合は、その人に何らかのかたちの対応が必要ではないのか、ということです。あなたの考えは、その犯罪者への対応が、たとえば死刑というやり方ではなぜいけないのだ、だって人の命を奪っているではないか、ということだと思います。

その疑問に対して、まず形式的に答えると、裁判制度や司法制度の中では、その人が本当にやったということを最終的には確定できない、ということです。つまり、冤罪の可能性は常に残るということです。みなさんは、冤罪の可能性がまったくないという事例を想定されますが、現実の事件をみていくとわかるように、そんな事件はほとんどないです。

現実の事件には、必ず何か、検察側の立証その他によってつくられる架空のストーリーが入り込む余地があります。たとえば、現実に人が死んでいる。その最初の手を下したのは、確かにその人かもしれない。けれども、その途中にいろいろなものが実は関わっているという例はいくらでもあります。

今の司法制度の中でこの真実を発見しようということがなされていますが、それによって得られる真実というのは、要するに「とりあえずの真実」です。刑事裁判という制度は、「本当の真実」というものには絶対にたどり着けなくて、「とりあえずの真実」を見いだし、それに対してみんなで納得しようという手続きだと、私は思っています。刑事裁判は「とりあえずの納得」を目標に据えていますから、加害者側も被害者側も、そしてまわりの人々も、とりあえず納得を得る。そのうえで、その「とりあえずの納得」で人の命を奪ってよいのかということが、死刑制度はまずいと私が思う大きな理由のひとつです。

それからもうひとつ、死刑を受けてしまった人々の事案をつぶさに検証しても、やはり死刑はまずいと考えています。たとえば、飯塚事件という裁判で死刑判決を受け、ついこの間処刑された久間三千年さんという方がいらっしゃいます。この人の場合には、物証ゼロです。客観的な証拠はまったくありません。自白もしていません。本人が頑張って最後まで自白しなかった希有な例です。つまり、彼はずっと無実を主張していて、獄中からも「私は無実だから再審請求する」といっていたのです。その再審請求をする前に処刑されてしまいました。

彼が有罪になり、最高裁までずっともちあがってしまった唯一の証拠といわれているのがＤＮＡ鑑定です。ＤＮＡ鑑定というのは間違いようがないとよくいわれますが、彼の場合、ＤＮＡ鑑定が３つ出ています。２つは彼が犯人でないことを示しています。最後の１つだけが、検察官がいったストーリーに合致しているものでした。ということで、検察官がそれを採用し、裁判所も最終的にそれをほとんど唯一の証拠として採用し、処刑されたという事例です。

ほかのいろいろな事例をみても、本当にさまざまな要素が入り込んでいて、どの刑事事件にも本当に大変なストーリーがあるんだなというのがよくわかります。その中でわれわれは現実的な刑罰というものを選んでいるわけです。その現実的な刑罰、つまりわれわれの名の下に、われわれの税金でやってよい刑罰というものにはおのずから制限を課さなければいけないだろうというのが、私の考え方です。

そこで、逆に質問したいのですが、あなたはどんな刑罰がよいと思いますか？

学生　それが私の中では考えられないので、まだ死刑制度を廃止すべきではないんじゃないかという考えがあるのですが……。

たとえば、地下鉄サリン事件ではオウム真理教の麻原という人間がやったということで、今、死刑囚として獄中にいます。あのたくさんの人が死んだサリン事件の犯人として、死刑のほかにどういう刑を与えるべきかといわれると、私にはわからないから、人の命を奪いましょう」という態度設定になりませんか。

寺中　だとすると、意地悪な言い方ですが「自分にはわからないです。

それから、サリン事件に関しても、たとえば、そういうことをやったとされている人が、今現実にどういう状態に置かれているのかというと、当局はなかなか認めませんけれども、現実的にはもうほとんど心神喪失状態で、まったく何もわからない状態になっているといわれています。実際コミュニケーションが成立していません。コミュニケーションが成立しない人間が自分の罪と向き合うなんて、できるわけがありません。つまり、おそらくみんなが本当に一番必要だと思うことは、たぶんその人が自分の罪とどう向き合うかということだと思うのですが、それができない状態の人に対しては何をすればよいのか。これは正直な話、それができるような状態にしていくしかないですよね。

その罪に関しても、本当にそれは彼がやったのかどうか、それに関してやはり疑問がゼロというわけではないです。なにしろ、サリン事件の判決についていうと、地裁レベルだけで事実上審理が完結しています。もう一回審理する経緯がありませんでした。なぜなかったかというと、弁護人が控訴趣意書を出さなかったから云々という話がありますけれど、裁判所が勝手に期日を設定して、「これまでに出さなかったらだめだよ」といったわけです。結果的には裁判所が職権で審理を打ち切ったも同然なのです。法的・手続き的な規定は別として、死刑事件に関して、人の命を奪うということに関して、裁判所はわざわざ審理を開かなかった。そういう判断をしているわけです。そういうかたちで人の命を奪うというやり方がはたしてよいのか、これは大きな問題だと思います。

ですから、私はいろいろなケースそれぞれを一つひとつみていって、これはいったいどういう解決が必要なんだということを本当はつぶさに検証しなければいけないのに、こいつの命を奪えばいいんだということで全部簡単に済ませているだけの制度に、今の死刑は成り下がっていると思います。ですから、これはやめなければいけないと思っているのです。あなたも、「まだ死刑は必要だ」の「まだ」という部分には合意されているんですよね？　この「まだ」という感覚を、みんながもっともたなければいけないと思います。

学生　犯罪について、テレビ・新聞・雑誌等は偏見に満ちた報道をやっているように思えます。それで、世の中の人たちは「あいつは悪いやつだ。絶対に死刑にするべきだ」という意見に傾いていき、死刑の重大性も勘違いされているようなイメージがあると思います。私も死刑について肯定的だったんですけれど、きょうの講演を聴いてちょっと考えさせられて、今、どちらかというと、死刑はあまりよくないのではないかと思えるようになってきました。そこで、寺中先生はメディアの犯罪報道についてどうお考えでしょうか？

寺中　いくつかありますが、ひとつ、全般的にいえることとして、検察や警察、それからマスメディアもそうですが、そうなっている理由があるのです。警察や検察の個々人に会えば、その人たちは、なかにはあくどい人もいますけれども、みなあくどい人とは限らないわけで、本当に仕事熱心に頑張ろうと思っている。それこそ誠心誠意そう思っている人もいます。メディアにも、ある意味社会正義に駆られて頑張ってそれを報道している人は当然います。けれど、そこで、冤罪が起きるんですね。

私もいろいろ調べてみたのですが、その時にわかったのは、メディアの当事者、つまり記者の中で、あらかじめストーリーができあがっているんです。そのストーリーを強化するような取材をしようと最初から思っているわけです。

そのストーリーはどうやってできあがったのか。それは悪辣な手段でつくられたのか。そうではないんですよ。それは、「このほうがみんなにウケるだろう」、「世論の動向はこんな感じだから、こんな感じのことをいったらウケるだろうな。今なら被害者の話をしたら絶対みんな飛びついてくるだろうな」というふうにしてつくり上げられていくのです。

要するにメディアは仕事でやっていますから、仕事のうえでは視聴率といった数字を稼がなければしょうがないわけで、メディアの傾向はそこから生まれてきます。それで一生懸命自分たちでストーリーをつくり、そのストーリーを再強化する。いつのまにか自分自身がそういうふうに信じ込んで、それを再強化する方向にどんどん流れ込んでいく。

警察や検察にしても似たようなものです。結局、自分たちの中で「これはこういうような事件に違いない」という一種の心象をつくり上げたら、そのストーリーを強化するようなかたちで調べていきます。ですから、警察や検察、それからメディアがつくり上げていくこと自体を批判しようとしても、それが彼らの仕事ですから、それを「ダメだ」というのはなかなか難しいんですね。

必要なことは、それに対するセーフガードです。つまり、「そういうことをやっちゃいけないんだよ」、「こういうやり方しちゃいけないんだよ」ということを、外部からちゃんと制限要素として入れなければ、その人たちは止まらないのです。なにしろ、善意でやっているわけですから。自分たちは正しいと思ってやっている。だけど「これはやりすぎでしょう」、「ここはこういうことをいっちゃいけないでしょう」と押しとどめていくのが、もう片方の本当の正義なんですね。この2つがバランスをとっているのが正常な状態です。正義の味方が圧倒的に強くて、ウルトラマンがやって来て、それで相手を倒してしまうのが正義ではないのです。この正義の概念をみんながどれだけ理解しているのか、今われわれは試されているのではないかなと思います。

死刑賛成というのは、ある意味、ウルトラマン待望論なんですよ。ウルトラマンが間違わなければ別にそれでいいじゃないかとみんなどこかで思っているのです。「本当にそれでいいんでしょうかね?」ということを、われわれはもう一回考え直さなければいけない。それが本当に正義なのかということをもう一回考え直さなければいけない。Justiceとは、秤で量ることです。つまり、右と左を量るわけです。それは、どちらが重いかみるという、バランス感覚です。「一般の人々はこう思うから」というところになびいてしまうやり方でマスメディアは報道するし、警察・検察もストーリーをつくり上げていくけれども、そこが一番危ないところだと思います。

(2008年11月12日)

【講演を聴いて】

阿部咲良（政治経済学科1年）

高校時代の私は日本の植民地支配や戦争責任といった問題に関心があり、進学先に政治経済学科を選んだ。だが、大学で学ぶにつれ関心が次第に法律に向かい、特に「憲法（人権）」の講義を受け、また、他の学生や先生とのディスカッションを重ねるうちに、刑事裁判や犯罪問題に興味をもつようになった。

そんなこともあり、今回の「死刑制度」講演会は、私にとって特に興味深いものであった。以前、調べたのだが、政府の世論調査によると、死刑制度存置派はおよそ80パーセントに上る。この数字をみるかぎり、日本国民の多くは死刑賛成である。だが、講演者の寺中誠先生は死刑廃止を主張する。その理由として、刑事裁判の不完全性、死刑廃止は近代社会の不可避的な傾向であること等を挙げられた。

では死刑制度に対してどのような立場をとるべきなのか、今の私に結論は出せない。だが、死刑制度の賛成派と反対派、各々の主張にはさまざまな理由や背景がある。そもそも私たちは、死刑に限らず刑罰の現実についてあまりにも知らなすぎる。まず、その現実を知るところから始めなければならないのではないだろうか。私自身、今回の講演会を契機として、日本の司法制度の現実についてさらに理解を深めるとともに、よりよい制度のあり方について考えていきたいと思った。

池田和弘（政治経済学科3年）

「死刑」という問題は今後、われわれ一般市民にとって身近なものになる可能性がある。なぜならば、裁判員制度導入により、一般市民も事件の内容によっては死刑を言い渡さなければならない局面に立たされる可能性があるからだ。自分はといえば、講演を聴いた後の今でも、死刑廃止について賛成か反対か、答は出せない。というのも、「許せないから死刑であろう」という考えもある一方、その考えは消去法として残った手段でしかないようにも思われるからである。

恐らく、死刑賛成派の大多数は私と近い考え方だろう。しかし、これは被害者側の感情面でしか測っておらず、加害者側の人権というものを無視した考え方になってしまっているのではないだろうか。また、メディアの問題もある。昨今は殺人件数の減少に反比例するように一つの事件を何度も報道し、われわれに危機意識を植え付けている。それを受けて、世論でも厳罰化の声が大きくなっているのだと思う。

今後この問題を考えるうえで必要なことは、自分が置かれている立場だけではなく、自分の立場を俯瞰しながら判断することではないだろうか。人権をめぐる問題は、素朴な感情論ではなく、ある種システマティックに判断することが必要だ。その意味でも今回の寺中先生の講演は、死刑という、普段は疑問をもつことがあまりないテーマについて意識させてくれる貴重な機会だった。

庄司裕紀（政治経済学科3年）

私はこの3年間、大学で法律、特に憲法の人権問題を中心に学んできた。それだけに、今回の「裁判員制度」講演会は、とても興味深いものであった。そして、講演の後には、講演者の伊藤和子先生に裁判員制度に対する自分の率直な疑問を直にぶつけて見解をいただくという、貴重な機会にも恵まれた。

当初、私が裁判員制度の議論に触れて感じたのは、一般市民やマスメディアの注目が裁判員に選ばれた人々の負担面にばかり集まってしまい、もっとも重要である被告人の権利があまり注目されていないのではないか、ということだった。原則として断ることができない裁判員の負担は、確かに大きい。しかし、その負担を軽減しようとするあまり、被告人が公平な裁判を受けることができないとなると、そもそも何のための裁判員制度なのかわからなくなる。

裁判員制度が施行されて数カ月が経過、今のところ冤罪の可能性がある事件で裁判員裁判は行われていない。しかし、今後そのような裁判が起きる時、はたして裁判員制度は正しく機能するのだろうか。私としては今なお不安を拭えない。一つだけ確かなのは、裁判員制度がうまくいかなかった場合にもっとも「割りを食う」のは、間違いなく被告人であるということだ。今後も、被告人の権利保障という視点から、裁判員制度の成り行きに注目していきたいと思う。

（執筆は２００９年秋、学年は講演会が実施された２００８年当時）

III

〈対談〉日本の刑事司法を考える

伊藤 和子・寺中 誠　（司会）石川 裕一郎

司法改革がやり残したこと

石川　昨年（2008年）、当大学の創立20周年企画の一環として、伊藤さんには裁判員制度についてご講演いただき（本書第Ⅰ章）、寺中さんには死刑制度についてご講演いただきました（本書第Ⅱ章、本対談は2009年11月17日）。

それからほぼ1年経ち、裁判員による裁判も始まりました。始まってから実質まだ3カ月ぐらいなので、その問題点についてコメントする段階ではないと思いますが、裁判員制度の是非はさておき、日本の刑事司法が抱える問題点はまだかなりありますね。

1999年に司法制度改革審議会が設置され、2001年にその最終意見書が出され、同年に司法制度改革促進法が成立しました。その後は、基本的にはそれに沿ったかたちで、伊藤さんにご講演いただいた裁判員制度のほか、一般によく知られているところでは法科大学院設置、新司法試験の導入等が実現されたわけですが、長年指摘されつづけてきた日本の刑事司法が抱える諸問題の多くは積み残しにされた感があります。

伊藤　そもそも、なぜ司法改革をやらなければならなかったかと申しますと、「今の刑事裁判は非常に絶望的である」という問題意識からスタートしたわけです。講演でも述べましたが、日本の刑事裁判は99パーセント以上の有罪率といわれています。刑事裁判は「疑わしきは被告人の利益に」が原則であるにもかかわらずです。

刑事裁判では、基本的に被告人が無実であることを証明する必要はなく、検察側の立証が「疑わしい」場合は無罪としなければならない。ところが実際は、被告人側が無罪の立証をしないかぎり、被告人が無罪を勝ち取ることはほとんどありえない点が問題です。

その根拠となっているのが自白です。自白さえあれば、その自白の内容がいかに不合理なものであっても、裁判所は基本的に自白を採用してしまう。自白で簡単に有罪判決が下されてしまいます。そうした状況ですから、警察側も自白をどんどん取っていく。身柄拘束をして、身柄拘束期間中にどんどん取調べをして自白を獲得し、それが証拠として重用されるという状況です。これが「調書裁判主義」「人質司法」といわれている問題です。密室の中で自白を取るわけで、ひどい取調べが起こりがちです。

こうした「有罪推定」「自白偏重」という現状を変える必要があります。そのきっかけとして、裁判員制度を導入し、市民が裁判に参加してチェックすることによって、絶望的な刑事裁判を何とか転換したいという考えがあったわけです。

ただし、裁判員制度によって、市民が参加することだけは決まったのですけれども、それ以外の刑事司法の課題はほとんど改善されていません。たとえば、無罪推定の原則は裁判員制度の中で徹底される仕組みになっていませんし、自白の問題性についてきちんとした対策がとられるようにもなっていません。そうした点で、刑事裁判の原則である「疑わしきは被告人の利益に」が徹底した改革になったかというと、まだまだ道なかばではないかと思います。

裁判員に選任された市民の方には、刑事裁判の鉄則である「疑わしきは被告人の利益に」を貫く判断をしていただきたい、「冤罪によって人の人生や命そのものを奪うような判断をしない」ということを、本当に、これだけはぜひ肝に命じて刑事裁判に臨んでいただきたいと思います。一方、刑事裁判の仕組みとしても、市民がせっかく参加したにもかかわらず、冤罪を起こしてしまう、という結果にならないような制度的改革を実現すべきです。特に解決しなければならない制度的課題として、「取調べの全面可視化」と「証拠の全面開示」があると思います。

ただ、裁判員制度ができて非常によかったのは、昨年（2008年）ごろから刑事裁判に対する市民の関心が高まり、議論も深まってきて、その中で冤罪の問題についても多くの方が関心をもつようになってきたことです。

その象徴的な事件として足利事件があります。大きく報道され、非常に大きな関心を生みました。

先ほど無罪推定といいましたけれども、足利事件の場合は、DNA鑑定で「この人は完全にシロだ」と証明されたわけですから、無罪の証明ができた事件なのです。「灰色無罪」ということではなくて完全に無実の人を刑務所に十数年入れてしまった。そういう刑事裁判がまかり通っていたことが人々の前に明らかになった。そこで「なぜそういうことが起きたのか？」ということを考える機会を広く市民に提供しました。

これから刑事裁判に裁判員として市民が参加をするわけですから、他人事ではないという目で、みなさんもこの足利事件について報道を見守り、関心をもたれたと思います。それは非常に重要なことだと思います。「刑事司法が誤って無実の人を犠牲にしてしまう、その人の人生を奪うということも犯しかねないようなことがあるのだ」、「冤罪事件というものがあるのだ」ということを人々に印象づけたことが大きかったと思います。

もうひとつ、自白の問題ですね。足利事件の菅家利和さんはＤＮＡ鑑定でクロだと突きつけられて、その結果、虚偽の自白をさせられました。任意同行されたその日のうちに自白しているのですけれども、これだけの重大な事件、人を殺すというような事件について、任意同行を受けて、そして取調べを受けてすぐに自白をしてしまう。

「無実の人がなぜこんなに簡単に自白をするのか?」と、市民のみなさんはこれまでなかなかわからなかったと思います。しかし、足利事件を通じて、ひとたび犯人と疑われればそれだけ強制的・圧迫的な取調べがなされるのだ、その結果として「無実の人でも自白をすることがある」ということをみんなが知ったということも非常に重要なことだと思います。

さらに、そうした虚偽の自白や問題のある取調べをなくすために、取調べの全過程を録音、録画するような改革が必要なのではないかと多くの人が指摘するようになったことにも重要な意義があると思います。

それともうひとつ、ＤＮＡ鑑定の問題があります。最初の捜査段階で行われたＤＮＡ鑑定が、実は不正確なものだったことが後で明らかになりましたが、これまで、このＤＮＡ鑑定については事後検証がなかなかできませんでした。なぜ検証できなかったのかというと、最初に行われたＤＮＡ鑑定の鑑定資料が警察によってすべて使われてしまった、破棄されて全量を消費されてしまったからです。警察が捜査関係の資料をすべて独占して、物的証拠を独占的に鑑定して、その鑑定の結果・プロセスに弁護側はまったく関与できない。そして、事後検証に使われるべきはずの鑑定資料も全量消費してしまう、これが捜査側のやり方なのです。

今回、たまたまほかのやり方でＤＮＡ鑑定ができましたが、全量消費は問題として非常に大きいと思います。

それから、今回ようやくＤＮＡの再鑑定が裁判所によって認められましたが、もっと前に再鑑定が認められていれば、菅家さんはもっと早く釈放され、事件が時効を迎えることもなかったはずです。ですから、ＤＮＡ再鑑定の権利を保障して、そのために鑑定資料をきちんと保存し、そして弁護側にも提供する、そうしたフェアなかたちで物証を弁護側にも提供する必要があると思います。

さらに、これも大きな問題ですが、足利事件の場合、取調べのテープが今になって出てきました。一部録画だったのですけれども、その内容をみますと、自白の過程に問題があったことが明らかになる内容でした。それがもしもっと早い段階で明るみに出ていれば、弁護側にとって有利な証拠として、裁判で使える証拠だったわけです。それを検察側はずっと隠しつづけていました。

こうした被告人に有利な情報というものは、どんなに弁護側が求めてもなかなか出てこない。せめて再審段階になったら、すべての証拠を開示すべきだと思っています。そもそも、検察側手持ちの全証拠が第一審公判前に弁護側に開示されるべきだと思いますが、少なくとも再審段階では、被告人にすべての証拠を開示することを義務づけるルールを確立しないかぎり、冤罪の根幹は断ち切れないと思っています。

今申し上げたことをきちんと徹底究明して、今後の刑事裁判の改革につなげていくことが大事です。

警察・検察は正義の味方か

寺中　おそらく、一般の学生、市民の方からすると、今の伊藤さんのお話の前提である、裁判は両方が同じだけの強さの武器をもって、それで公平に戦うんだという、裁判の公平さの原則がまず理解されていないと思うんです。「なんといっても正義の味方である警察や検察がやってきて、犯人を捕まえて、真実を暴き出して、そしてこれを裁判にかけて罪に問うんだ」というふうに理解している。

一般の人たちに「裁判って何だ?」と聞くと、「警察や検察が真実を明らかにして、それでどれだけの刑罰にするかを裁判で決めるんでしょう」というと思うんです。「真実を明らかにするのは警察や検察の役割ではない」という原則が理解されていません。完全に誤解されています。

警察や検察は証拠を集めるところであって、そこで決めてはいけないのです。ところが、現実的に日本の刑事司法というのは、警察・検察段階で全部を決めている。だから、99・8パーセント、99・9パーセントといわれる有罪率が出てきます。

有罪率がなぜそんなに高くなるのかというと、検察の段階で、「起訴便宜主義」というのですけれども、起訴するかしないかを判断できるわけです。そうなると、起訴したものについては絶対に有罪判決をとらないと検察官の成績に関わってくるわけです。ですから、必ず公判維持をしなければいけない。公判をちゃんと維持して、罪を問わなければいけない、と検察は思っています。公判維持ができないと思える場合はどうするかというと、「公判維持ができないので不起訴にします」というんです。あるいは「起訴猶予にします」と。結局、検察が起訴前の段階で全部を決められることの裏返しなのです。

今、伊藤さんがおっしゃったように、被告人と検察側、両当事者が平等に公正な裁判で争う。なかでも強い検察のほうに条件が課せられていて、本来は、検察側が基本的に無罪となるべき被告人に対して、「いや、そうじゃないんだ。この人は有罪なんだ」ということをゼロから立証しなければいけない責任を負わされている。つまり、検察側は被告人の有罪を立証しなければいけないしその権限ももっている。そして、その検察側の立証が少しでもうまくいかなかったら、裁判官は無罪を言い渡さなければいけない。それが原則です。

ところが日本の刑事裁判では、検察官が一生懸命立証して、「こうこうですよ」と説明すると、今度は被告人・弁護人側は、「そうではない」ということを証明しなければいけないことになってしまう。この「そうではない」というところに説得力がないと、その人は有罪になってしまいます。

これは、まったく逆です。弁護人は「そうではない」ではなくて、「検察官の立証は、ここがおかしいですよ」といえばいいのです。「ここがおかしいですよ」といわれて、それがほんのわずかなことであっても、その「ここがおかしいですよ」ということが認められれば、それは「ああ、検察官の立証が十分ではなかったんだね。だったら無罪」ということになるはずなんです。

ですから、刑事司法制度は基本的に無罪になりやすいように設計されています。有罪のものだけ「これは処罰せざるをえませんね」となっているのが大原則です。これが完全に逆転している。そのため「完全にこの人は絶対に無罪です」ということを、弁護人側が証明しないかぎり、被告人は無罪にならないというのが今の日本の状況です。

世界の中で、基本的に公正な裁判の原則を守っていると考えられている国の中では、日本は異常であり、それは取りも直さず公正な裁判が行われていないということの逆証明にもなります。

日本の現在の状況は、まず前提として「本来の原則から完全に逸脱している」ことを認識することが出発点として必要だと思うんです。ほとんどの人たちが当たり前だと思っていることが「これは異常なんだ」、「これはおかしいんだ」とまず最初に理解しないと、話がかみ合いません。

いくら弁護人側が正当な主張をしていても、それを一般社会が受け入れないという傾向があります。「だって、悪いヤツでしょう」という話になる。悪いヤツって誰が証明したのか。「だってあっちこっちでそういうふうにいっている」、「新聞報道をみたら絶対そうですよ」という。それをもし裁判でいったら、証拠がないので排除されるはずの主張ですけれども、一般社会ではみんながそれをいう。それぐらい、みんなが一億総検察官の状態になって、被告人を非難するような状況が日本の中でつくられてしまっているところに、非常に大きな問題を感じます。

足利事件は刑事司法の壁に風穴を開けたといわれますけれども、しかし、この開けた風穴はきわめて小さい風穴です。なぜかといえば、この事件では再審をやらざるをえないという流れに入ったわけですが、通常、再審請求をしてもまず認められないからです。認められない一番大きな理由というのは、「無罪が証明されていないから」です。

そこで原則が逆転しているわけですよ。裁判官はどこかで「再審裁判をするということは無罪を言い渡すのと同じことだ」と思っています。「再審裁判を開くということは、それ自体が無罪だ」ということだから、「無罪の証明がなければいけない」という論理を使って、「その部分を認めたら、法的安定性、すなわち、裁判の権威が損なわれる」と思っていて、「裁判の権威を守るために、再審請求は認めないんだ」と考えます。そういうかたちで、立証責任が被告人側に全部転嫁されています。

足利事件で今回出てきたテープは、警察・検察と被告人の関係を考えるのに大変興味深いものです。「私はやっていないんですけど」というと、「おまえ、そういうことじゃいかん」とたたみかけられます。気の弱い人は絶対逆らえないような雰囲気に置かれてしまうわけです。

人間の心理というのは、「自分は絶対そんなことといわないよ。自分の命に関わっている場合に、自分が死刑になってしまうような、そんな事件の時に、絶対ウソをいわないよ」と、ふだんはみんな思っているかもしれませんが、取調べではまずいってしまうんです。ほとんど100パーセントといっていいぐらい。取り囲まれて、ワーっといわれたら、それに抗しきれることはまずありえません。

唯一、抗することができるのは、頑張って完全黙秘をすることです。しかし、完全黙秘をしたらどうなるか。「こいつは反省していない」ということで、新聞で叩かれます。これは警察がリークして、いかにも反省していないかのような論調の報道がでて、「なんて悪質なヤツだ」ということになるわけです。

つまり、あるべき被告人像は、警察に捕まったら、「申し訳ございませんでした。私が悪うございました」といって心から謝罪し、「親父さん」である警察官の取調べに対して素直に答え、そして「警察の人たちにはとても親切にしてもらった」といって、「悪いのはすべて私です」と、罪を認めなければいけない。こういうステレオタイプの被告人像がまずあって、これに反する者はみんな凶悪な犯罪者にされてしまいます。

では、本当にやっていない人はどうなるか。本当にやっていない人はそれでも逆らうしかないのです。つまり、本当にやっていない人は、最悪の犯罪者に仕立てあげられるというのが、現在の日本社会の中でのシステムだといっていいと思います。

石川　一般に流布している被告人像は、捜査機関とメディアがつくりあげている面があるのかもしれません。メディアといえば、記者クラブ制度の問題もありそうです。直接、法律の領域ではありませんが、重要な問題かもしれませんね。

伊藤　おそらく1995年のオウム事件ごろからだと思いますが、ワイドショーがかなり刑事裁判を取り上げるようになったのではないでしょうか。「こいつはやっていますよ」とか「まったく反省していない」といった予断によるコメントがなされる。あたかも、捜査段階でメディアによって判決が下されているような状況になっています。かつ、厳罰化を求める傾向も強まっています。

本来メディアは、刑事裁判には無罪推定原則があることや、被告人・弁護人が防御活動をするのは正当な権利の行使であることについて、きちんと伝えるべきです。ところがメディアがそれを伝えないようになっている。これは重大な問題だと思います。

石川　確か、和歌山毒入カレー事件の林真須美死刑囚は、第一審では完全黙秘を貫きましたが、明らかに「悪い女」というイメージが逮捕前からメディアを通して流布してしまいました。

冤罪の温床、代用監獄と取調べ受忍義務

石川　ちょっと話を戻しますと、日本の刑事訴訟の法体系はそれなりにしっかりできているけれども、たとえば「代用監獄」制度（拘置所の代わりに警察の留置場に被疑者・被告人を勾留すること。冤罪の温床として日弁連はその廃止を長年主張しており、国連の自由権規約委員会、拷問禁止委員会等からも繰り返しその廃止勧告が出されている）もやはり大きな問題を生み出しているといえるのでしょうか。

寺中　それ一点ということではないですが、非常に大きなポイントは「取調べ機関が身柄を拘束できる」ことです。捜査取調べ機関自身が身柄の拘束を23日間もできる。それに対して警察は、「23日しかない。それだけでタイムリミットなんだ」というのですけれども、ほかの国にはそんな長いタイムリミットはありえません。捜査機関が被疑者を手元に置ける時間は、せいぜい一晩か2日間程度です。

ここでは、一般市民だけではなく警察も誤った認識をもっているのですが、捜査機関は有罪を立証するところではありません。証拠を集めるところです。有罪の立証ができるか

どうかを判断するのは検察の役割です。そこは分かれているのに、警察は有罪の立証、さらには有罪の判決まで自分たちでつくるような気分になっています。

また、もし代用監獄に入れたとしても、取調べはせずに客観的な証拠を集めるだけのシステムだったとしたら、これは日本の刑事訴訟法の代用監獄に関する規定通りの運用です。実は、勾留の場合、その理由に「捜査取調べの必要性」というのは入っていないのです。捜査取調べ目的で身柄を拘束するのは、本来やってはいけないことです。

なのに「捜査取調べの必要性があるから代用監獄が必要なんだ」と、いつのまにか警察はいうようになってしまった。本当は法律に明らかに違反しているので、いけないことだということは明らかなんですけれども、裁判官もそれが当然だと思っています。そのため代用監獄制度がなくなりません。

きわめて大事な問題で、「人を勾留しておくこと自体がいけない」のではなく、「代用監獄が捜査取調べのシステムの中に組み入れられている」ことが問題なのです。

身柄については、場合によっては拘束しなければならないこともあるでしょう。特に住所不定の場合などはそうです。代用で警察の留置場に入れておくことまでは、おそらく妥協できるレベルです。しかし、絶対にやってはいけないのは、身柄拘束しているところが捜査取調べをすることです。そんなことをすれば拷問が行われる可能性だってあります。

ですから「身柄拘束したところが捜査取調べをする」のは完全に排除されなければいけない。これは、ほかの国では当たり前のこととして組み入れられています。

石川　そのあたり不思議ですね。今の日本では国際標準とかグローバル化がやたら喧伝されているのに、刑事司法については世界の趨勢から目を背けているわけですから。

伊藤　代用監獄もそうですけれども、刑事訴訟法の条文にはまったく書かれていないにもかかわらず解釈上認められているものとして、「取調べ受忍義務」があります。これが非常に問題だと思っています。まずこれをなくすことが取調べの全面可視化と並んで一番大事なことだと思います。

寺中さんがおっしゃったように、刑事訴訟法上、勾留の理由として「取調べの必要性」を考慮することは許されません。逃亡の防止や、証拠破壊を防ぐために、身柄確保が認められているのです。ところが、現実は、いったん拘束されたら、身柄を拘束された被疑者は取調べを受けることを拒否できない。取調べを受けるスペースの中にいなければいけない。それが取調べ受忍義務です。

このような義務を課すこと自体が、黙秘権に抵触します。ずっと取調べ室に座らされ、密室で取調べを受けつづける環境にいることを受忍しなければならない、それ自体が黙秘権を侵害していると思います。「それでも黙秘はできますよ」というのが、この義務を認める理屈なのですが、現実にはそういう状況で黙秘を貫くのはきわめて困難だという理解に欠けています。

石川　そのあたり、アメリカではどうなのでしょうか。日本の法曹界では、いわゆる「ミランダ原則」（１９６６年にアメリカ連邦最高裁が下した「ミランダ判決」に由来する刑事手続上の諸原則。それによれば、身柄拘束中に被疑者を取調べる際には、①黙秘権がある、②供述が不利益証拠になりうる、③弁護人の立会いを要求できる、④資力に欠く場合は公費で弁護人を付すことができる、の４点を告知しなければならず、この要件を欠いた状態で得られた自白は証拠とすることができない。もっとも、近年はその形骸化が指摘されている）がよく知られていますが。

伊藤　アメリカの場合、「取調べを受けたくない」と被疑者がいったら、その段階で取調べは終えなければならない。これが、１９６６年のアメリカ連邦最高裁判決――有名な「ミランダ判決」――で確立されたルールの一つです。「もう取調べを受けたくありません」といったら、そこで終わりです。アメリカでは、身柄拘束下での取調べそのものが、強制的な環境にあるため、本来的に黙秘権を侵害する危険をはらむものだ、ときちんと理解されているのです。ところが日本では、このミランダ・ルールのもっとも肝心な部分がなぜか正しく紹介されてきませんでした。

もし取調べ受忍義務がなくなれば、今は日本には当番弁護士制度がありますから、もし弁護人が接見して、「取調べ受忍義務はないし、取調べは受けなくてもいいんですよ。嫌だといったら取調べは進みませんよ」ということをちゃんといって、そのとおり権利行使を被疑者がすることになったら、その日ぐらいは取調べを受けるかもしれませんけれども、その次の日からは取調べを受けることはなくなります。

そうなりますと、取調べができる時間というのは1日か2日がせいぜいということになるわけです。ですので、取調べの全面可視化、そして、代用監獄制度の廃止とともに取調べ受忍義務の撤廃をぜひ実現すべきだと思っています。

寺中　私も取調べ受忍義務は撤廃しないといけないと思うのですが、この考え方もまた一般市民の理解を得てしまっていて、「取調べ受忍義務がないなんて、そんなバカなことがあるか」という感じの反応を多くの人から受けます。一般社会だけではなく、法律関係者もそれが当たり前だと思っています。

そこには取調べ機関に対する信頼がまず前提に広くあるのだろうと思います。しかし刑事訴訟は、取調べ機関を適正にチェックしなければいけないということを前提にしているはずです。この取調べ機関に対する厳しい目がなく、正義の味方という位置づけを、一般社会だけでなく、法律の専門家の間でもしてしまっているところが、きわめて問題だと思うのです。

石川 いわゆる「判検交流」（裁判官と検察官の間の人事交流）もそうですが、裁判官と検察官の間に仲間意識、同僚意識のようなものが醸成されていることも大きいですね。

寺中 はい。ですから、一般の市民からみると、取調べ受忍義務について「それのどこがおかしいのか？」ということだと思います。しかし、自分がもし本当に犯罪を行っていなかったら、取調べを受けないということは当たり前です。だからこそ警察は客観的な証拠を集めるわけです。客観的な証拠を集めて、それで立証するのです。それなのに、警察も検察も、身柄を確保し自白を取ることに躍起になっています。

この「自白を調書にすること」について、先ほど伊藤さんも調書主義の問題点を話されましたが、「供述調書は誰が書くのか」が問題です。供述調書は「私は」とか「おれは」とか一人称で書かれています。それで「自白」という体裁をとっていますけれども、これは100パーセント警察官が書いています。被疑者が「いや、自分で書く」といっても、まず拒否されます。そこで、あるストーリーがつくられていく。ここにとんでもない問題があると思うのです。

伊藤　アメリカでも実は、冤罪事件が多いのです。実際にはアメリカでも取調べには問題があると思います。私はアメリカの刑事裁判制度を調査したのですが、ミランダ原則に従って、取調べを拒絶したり、弁護士の立ち会いを求めたりする人は、全体の12パーセントぐらいしかいないということです。アメリカでは制度として整っている部分があって、そこは見習うべきだと思いますが、闇の部分もいっぱいあります。

取調べ一部録画の落とし穴

寺中　最近、取調べの可視化についても議論がわき起こって、取調べの段階の一部が録画されていますが、その録画されるシーンは、警察官が書いた調書を被疑者の前で読み上げる場面だけです。被疑者がやることは基本的にうなずくだけです。その様子だけが映っているんです。要するに、取調べの場面はまったく録画されていません。

警察が全部つくって、「間違いないな。じゃあ判を押せ」という、被疑者が観念した状態のところまできてようやく録画しているので、これは恣意的にある場面だけを切り取っていると批判されてもしょうがないでしょう。

伊藤　取調べの部分的な録画については、アメリカでも議論があります。アメリカでも最近まで取調べの一部だけ、自白部分だけを録画する地域が多かったんです。まったく録画をしていないところもまだあります。それが２００５年以降、全面可視化の流れが出てきています。その理由は、一部録画のケースで冤罪事件が明らかになったからです。私が知っているだけでも2件、有名な事件で、ビデオの前で自白をして、陪審員がこれは信用できると判断して有罪評決を下した人物が、実は犯人でないことが客観的に証明されたのです。

私は、そのうちの1件の「セントラル・パーク・ジョガー事件」について、自白の録画映像を見たことがあります。また、その冤罪事件の被害者の方に実際お会いする機会もありました。

彼は捜査段階において、脅かされて屈服させられた状態で、嘘の自白をさせられたのですが、映像というのは非常に迫力があるんですね。私もこの事件が冤罪だと知らなかったら、真犯人だからこそこんな供述ができるのだと信じてしまうような映像でした。陪審員がこれを見せられたら、判断を誤るのも無理はないと思いました。その人は最初からDNA鑑定上シロだという結果が出ていたわけですけれども、陪審員は映像のインパクトに強く影響され、共犯者の一人だとして有罪評決を下してしまったのです。科学的証拠よりも映像で見せられる自白に迫力、信用性があるようにみえるのです。この事件は最終的には、真犯人が出てきたので、完全無罪だということが明らかになりましたが、一部録画の恐ろしさを示す実例となりました。このように、一部録画というのは新たな冤罪の温床になりかねない、非常に危険なものです。

寺中　取調べの録画に関して、イギリス、アメリカでは弁護士のほとんどが依頼人たる被疑者に対して「録画を拒否しろ」と指示するようです。不利な証拠として使われる可能性が高いと判断しているからです。

それから、全部録画していたとしても、アメリカの場合、被疑者のみを映しているのが圧倒的に多いですね。被疑者の一挙手一投足が映っていて、それ自体ある意味非常に迫力があるわけです。ですから、伊藤さんがおっしゃったように、場合によっては不利な証拠として使われてしまう可能性がある。

取調べ最中の取調官の様子も映っていると、「それはいいすぎだよ」とか「それはやりすぎだよ」という感覚を陪審員にもきちんと与えられるでしょう。でも取調官を映すということに関しては強い反発があり、部屋全体を映すことはあるようですが、特に取調官を映すというかたちはないようです。

DNA鑑定の問題点

寺中　それから、足利事件ではDNA鑑定がポイントになりましたが、DNA鑑定はその正確性からいうと基本的にはきわめて高い確率を示すものです。問題はその鑑定結果の評価の仕方です。どのレベルの違いだったら有意な差で、どれくらいなら一致のパーセンテージが高いといえるか、それは本当にわずかな数値の違いでしかありません。

ですから、目盛を大きくとるとDNA鑑定の意味を失います。つまり、正確性がまったくなくなるんです。これが起きたのが足利事件と、それからもう一つ別に飯塚事件という事件があります。飯塚事件はすでに死刑が執行されてしまった事件です。両方ともDNA

鑑定を行う時に、二つの資料が似ているか似ていないかという判断を、有意差を示さない目盛で判断しているのです。これはＤＮＡ鑑定の理論からいっておかしい。

ところが、ＤＮＡ鑑定が大変科学的な言葉で説明され、しかもＤＮＡ鑑定には間違いがないということだけが宣伝される。それが最終的に法律的な判断をする裁判官の頭の中に刷り込まれると、裁判官は「似ていますね、この二つ。じゃあ有罪」としかねないのです。「似ている」という概念に厳密さを求めなくなってしまうのですね。

ですから、科学捜査というものは使い方次第です。いい加減な判断をしてしまうととても危険なところがあります。残念ながら日本の場合、刑事訴訟の原則では、最終的には法律的に裁判官が判断することになっています。そういう決め方がいいかいけないかという議論はひとまずおきますけれども、裁判官に科学的な判定はできません。そうした訓練を受けていませんから。

その裁判官が「科学的な資料だ」といって出されたものを判断しなければいけない時に、冤罪が起きる可能性がある。その状態もやはり同じように異常だといわざるをえません。そこまでの裁量を裁判官に全部与えてしまっていることは問題だと思います。

石川　証拠としての鑑定の評価の仕方についてですね。

寺中　はい、そうです。科学的なトレーニングが十分にされていない状態では、不公正な裁判になる可能性があるということです。

伊藤　足利事件と飯塚事件でなされたＤＮＡ鑑定はＭＣＴ１１８型といわれる、日本独自のもので、非常に問題があるＤＮＡ鑑定でした。そこで現在はＳＴＲなど、進んだＤＮＡ鑑定手法が取り入れられつつあります。ミトコンドリアＤＮＡ鑑定などの導入も進められようとしています。そうなると、メディアから「それだったら大丈夫でしょう、最先端のやり方なら犯人を間違いなく特定できるでしょう」と聞かれることもあります。しかし、ＤＮＡ鑑定は、同一性を判断するには非常に問題があるんです。

「これとこれはＤＮＡ型がまったく違う」ということを立証するのにＤＮＡ鑑定はよいのですが、「同じである」ということを立証するとなると、１００パーセントの正確性ということはきわめて疑問です。

最先端のＤＮＡ鑑定では、同じＤＮＡ型は１１３０億分の１ぐらいの確率でしか発見されないといわれているのですが、たとえばアリゾナ州では、鑑定の結果、６万５０００人分のＤＮＡデータベース中、１２２人が同じＤＮＡ型と確認されたというのです（『ニューヨーク・タイムズ』記事）。こうしてみると、最先端のＤＮＡ鑑定といわれているものであっても、同一性の証明力を認めるのは早計でしょう。また、独立した公正中立な機関が鑑定を行うか、検察・弁護双方に鑑定を行う対等な機会を保障しないかぎり、どんなに科学的に最先端の鑑定手法であっても、取り扱う者が恣意的に鑑定結果をゆがめる、という可能性も排除できませんので、注意が必要です。

一方、名張事件のこれまでの司法判断が典型的ですが、科学的知識の不足した裁判官が正当な科学鑑定を否定する、科学的証拠を軽視する、という傾向もあります。名張事件では、再審開始を求める明白な証拠として弁護側から科学鑑定が提出されたわけですけれども、それに関して裁判所はまったく取り合わない。いい加減な理屈で「そうではないんだ」と科学を否定してきました。その根拠として、科学的にみて間違っていることが正々堂々と決定文に書かれているのです。不確かな科学に対する妄信というのも問題ですし、科学から目をつぶる、科学よりも自白を信用することも問題です。

厳罰化が進んでいる

石川　ここまで代用監獄、自白、証拠開示、取調べ受忍義務、取調べの可視化、それからＤＮＡ鑑定とたくさんの問題点を指摘していただきましたが、では、一般の市民はどのように考え、どうしていけばよいのでしょうか。

寺中　こうした状態をつくりあげた警察に対する監視の目が、一般社会の中で非常に弱いんですね。私たち市民社会の力は決して強くはありません。ましてや警察に対してチェックを入れるということは、「お上に逆らうもの」と認識されがちです。

ここにはやはり、政治状況も含めた日本社会の構造的な問題があるだろうと思います。「お上に逆らうな」というのはどの国でもいわれるのでしょうが、それでも逆らって批判できる体質をもっている社会と、何かやろうとしたら覆い隠されて消されてしまう、つぶされていくような社会との違いはあると思います。日本はやはり後者でしょう。だから、批判が非常に出しにくい。

その一番のシンボルが、刑罰を重視して、とにかく犯罪者は徹底的に重い刑にしてしまえという「厳罰化」の風潮です。先ほど伊藤さんが、95年のオウム事件あたりからワイドショーでも刑事裁判が取り上げられるようになったとおっしゃいましたけれども、おそらくワイドショーというのは、それ以前からコメンテーターがくわしく調べることもなくいろいろなことをコメントしていたのだと思います。それが社会に受け入れられて、広く人気番組になるようになったのが、90年代なかばからだと思うんですね。

96年ぐらいから、検察は、死刑を求刑した事件に関して、もし第一審で無期懲役あるいはそれより軽い判決が出された場合は、逆転死刑を取るために控訴するという方針に転換しているんです。

石川　それは、世の中の空気を検察が読んだということですか。

寺中　それはわかりませんが、無縁ではないと思います。そうした追い風があると認識したのかもしれません。

それで、厳罰化の最強のシンボルである死刑を求める検察側の求刑、控訴、上告事件がどんどん急増するのがこのころからです。そして２０００年以降は、実際に判決にそれがあらわれてきます。判決に死刑が出されていくようになるのです。５年ぐらいの期間のズレは裁判の手続きでありえますから、96年ごろから転換された方針が、２０００年以降の裁判の死刑判決につながっていき、それが現在の死刑執行の増加につながっている、そうした傾向がはっきりとみてとれます。

石川　確かに、95年のオウム事件、２００１年の〈９・11〉あたりが一つの転換点となって、「セキュリティ」、治安強化が社会全体で叫ばれるようになったと指摘されています。

伊藤　そうですね。これとあわせて、最近気になっているのが、取調べの可視化に関連して、治安強化論が出てきていることです。取調べを可視化すると、自白率が下がる、それで治安が悪くなるという信じられない議論があります。取調べの可視化を導入するなら、そのかわりに、治安悪化を防ぐための武器が必要だ、という警察の見解が声高に主張され、新しい捜査手法として盗聴を認めましょうとか、オトリ捜査の導入と抱き合わせでないと取調べの可視化は認めないというような話になってしまっています。

石川　そういう危険な方向に話が進んでしまうのですね。

寺中　世界的な傾向だと思いますが、1990年代には、社会を安定的に保っていこう、社会を防衛するという意味で、「ディフェンス」の考え方が中心だったと思いますが、それが「セキュリティ」、つまり積極的に安全を守っていこうという方向に変わってきたといわれています。

アメリカの場合は、明らかにディフェンスからセキュリティだといわれていますし、日本においても、「安定的にやっていきましょうよ」、「みんな、それなりにうまくやっていきましょうよ」という感覚よりも、「積極的に監視し、統制し、そしてさまざまなかたちで逸脱者が出てきたら叩け」という、攻撃的な方向性に変わってきたのではないでしょうか。

犯罪に対して、90年代ぐらいまでは、社会的な予防に重きが置かれていたと思います。コミュニティを醸成していくとか、さまざまな人のつながりをつくっていくとか……。元犯罪者が受刑者となって社会復帰する際も、その受刑者がどうやったら社会復帰できるか、受け入れられる社会になっているのかが議論されていました。

それが90年代後半から2000年に入ってくると、再犯を「物理的に防止しろ」という方向に舵が切られるのです。そして物理的に防止するために、盗聴とか監視カメラとかが導入され、「そうしたものがあれば安全になる」と説明されるわけです。しかし、少し考えればわかるように、監視カメラは犯罪を防止しません。

石川　カメラは犯罪を「見ている」だけで、「防止」はしないんですよね。そのあたりが一般にはなかなか理解されない。「防犯カメラ」ではなく、「監視カメラ」だということが。

寺中　はい。今は「防犯カメラ」といわれることが多いですが、実際に、監視カメラの先進国、イギリスで、その犯罪防止効果をチェックした調査結果があります。

一つは、監視カメラが導入されるとその地域の犯罪は一時的に減少する、ところがその隣接地域の犯罪率が上がる、というものです。つまり、監視カメラのある地域から犯罪が逃げているだけなのです。そして、やがては監視カメラが設置されている地域も含めて犯罪状況が同じようになってくるので、監視カメラには一時的な効果しかない、というのが調査結果です。

もう一つは、どういう犯罪が減るのかという調査で、窃盗は減ったが、暴力犯罪には効果がなかった、という調査結果です。これは当たり前のことで、監視カメラは見ているので、見られて困る犯罪は減ります。ところが、暴力犯罪は相手と対面しているわけですから、見られて困らない。認識し合いながら、それでも行われるのが暴力行為ということになりますので、暴力犯罪はぜんぜん変わらなかった。

ですから、たとえば商店街に監視カメラを導入しても、暴力行為や強盗などは減らないわけです。結局、犯罪は防止されず、減少していない。そうした事実を知らされないまま、監視カメラ導入の議論だけが進む。「監視カメラ導入にはどんどん予算をつけますよ」という警察側の働きかけもある。

盗聴に関しても、それによってどのぐらいの人が捕まっているのかという日本の統計があります。盗聴の事例はほとんどが薬物と銃刀器の事件で、ほぼ携帯電話の通信傍受（盗聴）で令状が取られています。だいたい1〜2週間、一番長くて30日の期間を盗聴していますが、2006〜7年でわずか11件程度です。盗聴制度を導入しても実際には使われていないのです。

つまり、躍起になって導入しようとしている新しい捜査手法は、実はそんなに使えないのです。ですから、新しい捜査手法がどうのこうのというよりも、「今まで行ってきた捜査をもう一回見直す」ことのほうが優先度は高いと思うんですよ。それなのに量刑をどんどん厳しくし、結局、刑務所を満杯にしている。

判決の先を考える

寺中　「刑務所を満杯にしている」というのは誤解される可能性がありますので補足しますと、刑務所に入る人たちが増えているのではありません。刑務所に入った人たちが出てこられなくなっているのです。つまり、刑務所に長くとどまるようになったので、刑務所の人口がどんどん増えている。1990年代後半は5万人だったのが、2006年ごろには7万人、そして現在はほぼ8万人に達するというように増えつづけています。

アメリカの場合も、１９７０年代から80年代にかけて、刑務所人口の増加がありました。6倍から8倍も増加した刑務所もあったようです。しかし、受刑者人口がそんなに増加しているのに、犯罪の統計自体はさほど変わっていなかった。つまり、犯罪が多発したから受刑者が増えたのではなく、「そこら辺にいる怪しい連中をみんな入れてしまえ」というような政策があったからなのです。これを「ロックアップ政策」といいます。

このロックアップ政策がとられている国々の福祉予算をみると、著しく低いのが特徴です。福祉予算をカットするような国々のほうが、刑務所にロックアップしていく危険性が高い。

石川　よくいわれますね。「今の日本では、刑務所が最後のセーフティネットになっている」と。

寺中　はい。それは刑務所に行ってみればわかります。受刑者の多くは高齢者であったり、あるいは何らかの問題で社会で生活するのに障害がある人たちです。そうした人たちの最終的な収容場所として機能せざるをえない。

ですから、裁判員制度が導入されましたけれども、裁判員になる人たちには、ぜひ刑務所に行ってみて実態を知ってほしいですね。

伊藤　全員が事前に刑務所に行ってから裁判員を務める、ということにはなっていませんね。

寺中　少なくとも見学でいいですから、行ってほしいですね。自分たちが下す判決がどのようなことになるのかがわかります。そうした点の研修などがまったくされないまま、ただ単純に裁判という一時点のみがクローズアップされているのが、現在の全体的な風潮かなと思います。

裁判の時点だけがクローズアップされると、厳罰化の傾向になるのは明らかです。この点に関しては、弁護士の方に対して少し不満があります。というのも、弁護士の方は裁判の一点に集中していますが、実際、問題はその後なんですね。

有罪の人の多くが刑務所に入ります。そして、ある期間がすぎて出所する。刑務所の中で何が行われていて、出てきてからどうなるのか。これは矯正の問題であり、更生保護の話ですけれども、このあたりのことについて議論がないまま、裁判だけがクローズアップされる。

それが社会の中でどんどんクローズアップされていくと、必然的に「重い刑罰を」、「一生閉じこめておけ」、「殺してしまえ」といった声が大きくなっていく。

石川　現在、無期懲役での仮釈放はほとんどありません。その点は一般には知られていないですね。「無期懲役刑って、どうせ適当な期間で出られるんでしょう」みたいな俗説がまかり通っている。

寺中　あれは完全な俗説で、実際には釈放されないですね。終身刑が事実上つくられてしまい、それと死刑の双方がどんどん増えています。そして、刑期での厳罰化も図られる。殺人の法定刑の下限も3年から5年に上がりました。3年から5年になるのは、実はとんでもない上がり方です。というのも、3年だったら執行猶予がつけられるのですけれども、5年だとつけられないのです。「人を殺しておいて執行猶予か」という世論に押されて、ということになるのでしょうが、執行猶予とか懲役というものの意味が知られないまま、その点だけが一人歩きしています。

伊藤　アメリカのイリノイ州では、2000年以降、死刑執行停止と取調べの全面可視化（殺人事件を対象とする）を両方導入したんです。しかし、そのイリノイ州では犯罪率が下がっています。イリノイ州の人たちがどのようなことを行ったかというと、公共住宅をつくって貧困層が入れるようにしたのです。その都市政策がうまく功を奏して犯罪率が減ったのではないかと分析されています。一方、南部のアラバマ州は、死刑判決が全米で一番多い州として知られていますが、同時に殺人などの凶悪事件の発生率も全米でもっとも高い州です。つまり、死刑が犯罪抑止につながっていない。私はこの背景に、アラバマ州でいまだに続く黒人差別や貧富の格差などの不公正があると思っています。

そうした点からみますと、貧困の問題など、人が犯罪をせざるをえない、または犯罪に駆り立てられる社会状況を分析して、そこにきちんと対応していかないかぎり犯罪は減らないということがわかってきます。私たちはとかく、貧困や犯罪を自分たちの社会の異質なもの、自分の外側にある問題だととらえがちなわけですけれども、それらは自分たちの社会が生みだしたものであり、社会の投影にほかならない。ほかならぬ私たちの社会の内側に問題があるのです。だから、たんに厳罰化したり排除したり、防衛するだけでは解決にならない。内側から犯罪を生みださない対策を考えることが必要だと思います。公共政策など、いろいろな観点からの議論が必要なのですが、日本ではそうした議論が未熟だと思います。

私がちょうど今担当している事件で、「仕事がなく、食べるものも住むところもなくなったから窃盗をした」という人がいます。捕まって年末はなんとか年を越せる、ほっとしたといっていました。刑務所にいるほうがよほど安全ということです。

私の実感として、犯罪を犯す人たちの置かれている状況は年々ひどくなっているように思います。これは経済状態、社会におけるセーフティネットの崩壊を反映しています。私たち弁護士は、「犯罪者を弁護している」といわれますけれども、犯罪がないことを願いながら活動しているんです。なぜかといえば、犯罪を犯した人たちをみていると、この人たちはしたくてやっているのではない、ということがよくわかるからなんですね。彼らをみていると、とても辛い気持ちになります。そういう状況に置かれる人たちが少しでもいなくなるような社会を本当につくらなければいけないといつも思います。それは厳罰化や犯罪からの防衛では解決しません。

寺中　刑罰の機能として、犯罪抑止効果がもてはやされた時期があります。ある意味わかるところではあるのですが、その背後には、人は犯罪に向かうんだという前提があるんです。犯罪に向かうから、それを抑止するんだということです。物理的に犯罪を予防しようというのもそうです。人は犯罪をしようとしているから、できないようにしてやるという発想です。

ところが、本当に必要なのは、犯罪に向かわせないことなんですね。犯罪に向かう動因をきちんとなくしていくことが、本当は先決なんです。なのに、犯罪に向かうことが当たり前なんだというのは、要するに、絶望する社会というものが目の前にあって、「この絶望する社会の中で生きろ」といわれているのと等しい。

やった者は「こんなことやっちゃいけないよ」といわれて、見せしめ的な刑罰を受ける。逃げ出していく場所がなくなる。ですから、ますます絶望が深くなる。結局、そういう状況は犯罪を助長するんです。

反省を促すために、被害者はどういう気持ちだったかを考えさせる教育が刑務所で行われています。これは新しい矯正処遇の方向性で、「R４」というんですけれども、意外に思われるかもしれませんが、被害者の心情を理解させる教育は、それだけだとむしろ犯罪を助長する、という結果が海外では出ています。

それはなぜかというと、もともと犯罪者は絶望の中に生きている人たちが圧倒的に多く、自己イメージが非常に低い。それに対して、「おまえはこんなに悪いことをやったんだ」と感じさせると、本当に悪いことをやったって確かに思うのでしょうが、一方で、自分は浮かび上がれない者だと感じ、もっと絶望の底に沈むわけです。つまり、社会に復帰できるような、あるいは再犯をしないような、そういう契機がなくなってしまう。ますます次の犯罪をするように押し戻されていく。

石川　これもなかば誤解に基づくことですが、「加害者より、被害者の権利のほうが大事だ」という言い方があります。両者は単純に比較できるものではないはずなのですが。

寺中　もちろん、被害者のことを考えるな、ということではありません。被害者を強調するような風潮、たとえば裁判で被害者やその遺族が発言できるようにするとか、少年審判を被害者やその遺族が傍聴できるようにしようという動きがあります。もちろん、それはケースバイケースで、うまく機能する場合もあるでしょう。被害者の人たちが意見を述べることによって、やった側はその場は反省するでしょう。しかし、より絶望の淵に入り込みますから、また犯罪を行ってしまうという危険性もあるのです。

それよりも、きちんとみんなが受け入れられるような、社会に戻ってきたら、「みんな大変だけど一生懸命やっていこうね」といえるような、そういう社会をつくっていくことのほうが、私は先決だと思うんです。そうしなかったら、おそらく今後の日本の社会は生きやすい社会にならない。

先ほども指摘しましたように、日本社会はだんだんと不寛容になってきて、「叩け、叩け」と厳罰化の風潮が激しく、ますますささくれ立っているような気がします。その中で死刑が厳罰化のシンボルとして使われていると思うのです。

大学で学生に聞くと、「死刑というのは、やっぱり必要だと私は思います」という回答が結構あります。その心情を否定する気はありませんけれども、「どうしても死刑が必要だ」というその感情が、実はささくれている社会をつくりあげていく、その一つになっているんだということに、私たちはどこかで気づかなければいけないのではないかと思います。

伊藤　弁護士会は、長い間、被告人の人権こそが重要な人権問題だと位置づけて、犯罪被害者に対しては十分に手を差し伸べてこなかったと思います。被害者側の問題を人権の問題としてきちんと位置づけてこなかった。それが、被害者の方々を孤立させ、絶望させてきたのではないか、とすごく感じるところがあります。犯罪被害者に対する社会のサポートはいまだに十分とはとてもいえない状況です。

寺中　死刑の問題と実際にむき合っていない人は、単純化しているように思います。まず、被害者の遺族も、常に同じ状態にあるわけではありません。その中のある一時点の、ある場面だけを取り上げて、「この人はこういう気持ちでいるんだ」というふうに決めつけてしまうのは不遜《ふそん》な話だと思います。

実際、そういう事例に突き当たった時に、「少なくとも加害者には生きていてもらっては困る」という考え方は割と普通に出てきます。悲惨な事件と感情にピリオドを打つために、死刑ということをいうのかもしれません。でも実は、それでピリオドを打てると思っているわけでもない。その先があるわけです。解決できる話ではないと思います。

たとえば、自分の愛する子どもを殺されたら、それは世界を失ったも同然ですね。加害者を殺して「これでピリオドを打とう」と思っても、ピリオドを打てるものではない。そのことを認めないといけないと思うんです。問題はもっともっとたくさんいろいろなところに広がっていて、それを自分の心の中でどうやって受け止めていくのか。これは被害者にも求められるし、社会にも求められるんだと思うのです。

加害者を一方的に痛めつけるだけで問題は解決すると思わないほうがいいし、そういうふうに思ってはいけないと思うのです。だからこそ、私たちはそうしたものすべてを含めて社会の中で受け入れていくという自覚をもたないと、被害者の遺族の人たちもたまらないです。もうどうしようもなく社会の中で孤立していく状況にあるわけですから。

石川　ある事件が起き、判決が確定し、執行されても、それは一つの段階であって、その前もあるし後もあるわけですね。あくまでそれは一つのプロセスにすぎない。

寺中　犠牲者の遺族の人たちが死刑執行を喜ぶということは、ほぼ皆無ですよ。「当然だ」と思う人は多いと思いますが、「当たり前だ」といいつつ、でもそれで「よかった、これですべてが解決した」と思える人はほとんどいないと思います。

伊藤　私は死刑廃止論者ですが、死刑の是非は非常に重たい問題だと思っています。たとえば昨年（２００８年）の国連総会では、「死刑執行のモラトリアム」を求める国連総会決議が可決されて、国際スタンダードとしては死刑を執行してはならない、死刑は廃止するという方向に進んでいます。しかし、国際スタンダードがこうだ、というだけで、死刑を廃止できるというような単純な議論でもありません。

私は自分の肉親が犯罪で殺されることを経験していませんが、愛する肉親が死ぬという悲しみは経験しているので、愛する家族の命が犯罪によって奪われた悲しみはそれこそいかばかりかと思います。自分の肉親が犯罪で殺された人は死刑を望むという気持ちになるかもしれない。それを国際スタンダードは死刑廃止だ、といってばっさり切り捨てるわけにはいかないと思うのです。もっと国民的にかなり深い議論をしていくことが必要だと思います。

犯罪被害者の遺族に社会としてできることは何なのか、死刑が犯罪を本当に抑止するのか、死刑が本当に長い目でみて被害者の方々の感情を慰謝することになったのかなど、突き詰めて議論していく必要があると思います。

死刑囚が置かれた状況や執行のあり方などについての情報を公開することもそうした議論のために不可欠だと思います。

私は、特に「冤罪で人が殺される可能性があるのだ」ということを強調したい。冤罪で人が殺されることだけは絶対にあってはならない、それが、現状の日本の刑事司法のもとで私が死刑に反対する最大の理由です。

飯塚事件では、一貫して無罪を主張し、再審の準備をしていた、まだ生きて釈放される大きな希望をもっていた死刑囚が、ある朝突然死刑執行を言い渡され、問答無用で処刑されました。また、ハンセン病を発症したために差別され、そして冤罪の被害者になって死刑判決を受け、再審請求棄却の直後に、無実を叫びながら処刑された藤本松夫さんという方の事件もありました。どんな思いで殺されていったのでしょうか。私たちの国の死刑制度は無実の人たちを処刑してきたのかもしれないのです。そして、私は１９６９年に死刑判決を受け、いまだに死刑棟にいて、死刑執行の恐怖におびえながら無実を叫びつづけている名張事件、奥西勝さんの事件を担当しています。36歳で逮捕された奥西さんは死刑の恐怖の中、無実を叫びつづけて、今83歳になってしまっています。

こうした人たちに起きたことは、死刑についての議論にあたって、社会の中で正当な重みをもって考慮されていません。光を当てられていません。

彼らに何が起こったか、その痛みや叫びをもっともっと社会に伝えていって、死刑に関する議論を深めていく必要があると思います。

（2009年11月17日）

おわりに

1　デモクラシーにおける国民と司法権の役割

民主主義国における国民と司法権の関係、あるいは距離の取り方の難しさ――。本書の企画に際してあらためて考えたのは、まさにこのことであった。司法制度改革推進法（2001年成立）は、改革が依拠する理念の一つとして「国民の司法制度への関与の拡充等」を通じた「司法に対する国民の理解の増進及び信頼の向上」（2条）を挙げている。そして、その理念の具現化の一つとして裁判員制度が構想、導入されたわけである。だが、この一連の動きについて、本書の編者として今なお根本的な疑念を払拭できないことを表明しておく必要がある。それは、「国民の司法制度への関与の拡充」、すなわち「国民の司法参加」促進は、はたして手放しで称賛すべき方策なのだろうか、という問いである。このような問いを発する理由を説明するには、デモクラシーと司法権の、ときには補完し合い、ときには相反する微妙な関係性について言及する必要がある。

建国後まもないアメリカ合衆国の政治文化に透徹した分析を加えた19世紀フランスの政治思想家A・トクヴィルは、「多数者の専制（tyrannie de la majorité）」という表現を用い、デモクラシーが多数派による少数派の自由・権利侵害を招じる可能性を予見した。デモクラシーにおいては、国家主権が国民に由来するがゆえ、その正統性は君主制下とは比較にならぬほど強固なものである。だからこそ「国民の意思」に基盤をもつ公権力が暴走する危険性も高い。わかりやすくいえば、「国民の多数がそれを望んでいる」ということで、少数者の権利が侵害される事態が容易に起こりうるということである。

このような危惧の念は、とりわけ現在の日本の刑事司法を囲繞する社会的諸事実に照らすと、にわかに現実味を帯びてくる。実際、本書の対談でも言及されているように、ときにマスメディアと捜査機関が（意図的かどうかはともかく）結託し、ある種の世論が形成され、それが裁判員裁判を通じてそのまま司法判断に反映されることに懸念を表明する向きは少なくない。それだからこそトクヴィルは、多数派デモクラシーの下でこそ多数派から距離を置いた司法府の存在の重要性を説いたのであった。民意の暴走を抑えるメカニズムとして、あえて民意に直接依拠しないところに司法権の存在価値がある——。エリート主義や貴族主義からではない、そのような視点に立てば、国民の司法参加が内包する問題点も理解されよう。

2　法律家の「責任」という論理

だが、その一方で、刑事のみならず、民事・行政事件をも含めた従来の日本の裁判全般が、とりわけその実務慣行の面で少なくない構造的欠陥を抱えていた（いる）ということも、また厳然たる事実である。このような現状に鑑みると、いわば戦略として、まずは一定数の刑事裁判に国民の司法参加制度を導入し、もって日本の司法再生の突破口とする可能性に賭けるという方策は、十分理解できる。だが、本書を一読すればわかるように、裁判員制度導入に大きな役割を果たされた伊藤氏にとって、それはたんなる戦略にとどまるものではない。その戦略を根底において支えているのは、氏が何度も口にされたように「市民社会（civil society）」への信頼である。その一方で、日本における死刑廃止論を主導される寺中氏は、死刑廃止が「近代（modernism）」社会の不可避的な傾向であることを繰り返し強調されている。

市民社会と近代。両方とも手垢がついた言葉である。だが、両氏の意図を私なりにおしはかると、まず、伊藤氏がいう市民社会とは、おそらく「政治社会（political society）」の対概念ではなく、その両者を包含しうる、つまり、主権者として公権力の行使に積極的に関与しつつも、しかしながら個人を容易に圧殺しうる公権力に回収されるのを断固拒否する、ある種危うい均衡を体現する存在としての国民＝市民からなる社会である。また、寺中氏がいうところの近代も、いわゆる「ポストモダン（post-modernism）」から批判されるような、無邪気に個人の主体、人格、意思、自律等を前提とする態度ではなく、常に自己に対する懐疑と検証を怠らない、語本来の意味での近代である。

そのような市民社会と近代への信頼を隠さない両氏の姿勢は、神ならぬ人間が人間を裁き罰するという刑事司法の根源的なアポリア（難問）に安易な応答を提示するものではないし、ましてやそのアポリアを回避するものでもない。それは、そのアポリアと正面から対峙するという、法律家の本来あるべき姿を示しているように思われるのである。市民社会への懐疑を維持しつつも、根底においてそれを信頼する。近代の啓蒙を疑いつつも、価値中立を装ったニヒリズムには安住しない。それは、法律家という職業を選んだ者にとっては確信（Überzeugung）の問題ではなく、責任（Verantwortung）の範疇に属する事柄である。このような「法」という賢慮（jurisprudentia）に携わる職業人としての両氏の責任感に由来する市民社会と近代への揺るぎない信頼は、本書の各頁から読者もはっきりと読み取ることができると思う。

3　国民は司法とどう向き合うべきか

その一方で、では、司法に対して一般市民はどのように向き合うべきなのか。国民の司法参加の危惧される点としてしばしば挙げられるのは、それにより、国家権力行使の根拠に国民の意思が直接的に援用され、結局のところ国民が国家の道具になり下がるかもしれないということのほかに、国民がその意に反して裁判員に選任され、精神的・身体的・経済的に多大な負担を課せられることになるのではないか、ということである。このことを日本国憲法に即して端的にいえば、それが最上の価値をおく「個人の尊重」（13条）が軽視されてしまう虞《おそれ》があるということになろう。

では、市民は、刑事裁判はおろか、政治であれ社会であれ、およそ他者には関心をもたず、ひたすらエゴイスティックに生きることを認められているのだろうか。もちろん、近代憲法は、国民に公的な事柄に参加する権利（代表的なものは参政権）を保障すると同時に、公的な事柄に参加しない自由をも保障している。だが、仮にすべての市民＝国民が公的な事柄（res publica）へのコミットメントを拒否したとしたら、公共社会＝国家（πολις, civitas）を維持することは、はたして可能だろうか。すなわち、一般市民には、己が「国家から自由な一人の人間」でありつつ、しかし「国家の構成員としての国民」でもあることの意識もまた同時に求められているのではないだろうか、という問題意識である。

このことを本書のテーマに即して簡潔に述べると、刑事裁判において裁判所が行使する公権力、あるいは刑の執行および刑事政策において政府が行使する公権力の源泉は、つきつめれば主権者たる国民である。しかし、その刑事司法の名宛人たる一人の被疑者・被告人・受刑者も、また国民なのである。公権力の主体としての国民と公権力の客体としての国民という、この二重性の困難は、しかし、とりわけ一般市民が司法と向き合う際には意識すべき命題ではないだろうか。そして、この二重性の困難を国民一人ひとりが意識することこそが、この国の司法をより良い方向へと導くことにつながるように思われるのである。

最後になったが、この場を借りて伊藤・寺中両氏には、あらためて謝意を表したい。お二人には講演本体のみならず、その後の学生の質問にも真摯に対応していただき、さらには対談までと、多大な負担をおかけすることになってしまった。

あわせて、講演にあたり、事前の準備学習を主体的に行い、講演後に素晴らしいコメントを寄せてくれた学生たちにも感謝したい。彼らはこちらの教育上の「ねらい」や「目標」なるものを軽々と超え、教員が予想もしなかった高みへと自己を導いてゆく。その過程に立ち会うことができる教員は、幸福である。

石川 裕一郎

2010年1月10日

【参考資料】 ※省略した個所は［……］、語句を補った箇所は［○○］のように表記した。

日本国憲法

13条　すべて国民は、個人として尊重される。生命、自由及び幸福追求に対する国民の権利については、公共の福祉に反しない限り、立法その他の国政の上で、最大の尊重を必要とする。

31条　何人も、法律の定める手続によらなければ、その生命若しくは自由を奪はれ、又はその他の刑罰を科せられない。

33条　何人も、現行犯として逮捕される場合を除いては、権限を有する司法官憲が発し、且つ理由となつてゐる犯罪を明示する令状によらなければ、逮捕されない。

34条　何人も、理由を直ちに告げられ、且つ、直ちに弁護人に依頼する権利を与へられなければ、抑留又は拘禁されない。又、何人も、正当な理由がなければ、拘禁されず、要求があれば、その理由は、直ちに本人及びその弁護人の出席する公開の法廷で示されなければならない。

35条1項　何人も、その住居、書類及び所持品について、侵入、捜索及び押収を受けることのない権利は、第33条の場合を除いては、正当な理由に基いて発せられ、且つ捜索する場所及び押収する物を明示する令状がなければ、侵されない。

2項　捜索又は押収は、権限を有する司法官憲が発する各別の令状により、これを行ふ。

36条　公務員による拷問及び残虐な刑罰は、絶対にこれを禁ずる。

37条1項　すべて刑事事件においては、被告人は、公平な裁判所の迅速な公開裁判を受ける権利を有する。

2項　刑事被告人は、すべての証人に対して審問する機会を充分に与へられ、又、公費で自己のために強制的手続により証人を求める権利を有する。

3項　刑事被告人は、いかなる場合にも、資格を有する弁護人を依頼するこ

とができる。被告人が自らこれを依頼することができないときは、国でこれを附する。

38条1項　何人も、自己に不利益な供述を強要されない。

2項　強制、拷問若しくは脅迫による自白又は不当に長く抑留若しくは拘禁された後の自白は、これを証拠とすることができない。

3項　何人も、自己に不利益な唯一の証拠が本人の自白である場合には、有罪とされ、又は刑罰を科せられない。

刑法

11条1項　死刑は、刑事施設内において、絞首して執行する。

2項　死刑の言渡しを受けた者は、その執行に至るまで刑事施設に拘置する。

12条1項　懲役は、無期及び有期とし、有期懲役は、１月以上20年以下とする。

28条　懲役又は禁錮に処せられた者に改悛の状があるときは、有期刑についてはその刑期の３分の１を、無期刑については10年を経過した後、行政官庁の処分によって仮に釈放することができる。

刑事訴訟法

196条　検察官、検察事務官及び司法警察職員並びに弁護人その他職務上捜査に関係のある者は、被疑者その他の者の名誉を害しないように注意し、且つ、捜査の妨げとならないように注意しなければならない。

197条1項　捜査については、その目的を達するため必要な取調をすることができる。但し、強制の処分は、この法律に特別の定のある場合でなければ、これをすることができない。

198条1項　検察官、検察事務官又は司法警察職員は、犯罪の捜査をするについて必要があるときは、被疑者の出頭を求め、これを取り調べることができる。但し、被疑者は、逮捕又は勾留されている場合を除いては、出頭を拒み、又は出頭後、何時でも退去することができる。

2項　前項の取調に際しては、被疑者に対し、あらかじめ、自己の意思に反して供述をする必要がない旨を告げなければならない。

3項　被疑者の供述は、これを調書に録取することができる。

4項　前項の調書は、これを被疑者に閲覧させ、又は読み聞かせて、誤がないかどうかを問い、被疑者が増減変更の申立をしたときは、その供述を調書に記載しなければならない。

5項　被疑者が、調書に誤のないことを申し立てたときは、これに署名押印することを求めることができる。但し、これを拒絶した場合は、この限りでない。

203条1項　司法警察員は、逮捕状により被疑者を逮捕したとき、又は逮捕状により逮捕された被疑者を受け取つたときは、直ちに犯罪事実の要旨及び弁護人を選任することができる旨を告げた上、弁解の機会を与え、留置の必要がないと思料するときは直ちにこれを釈放し、留置の必要があると思料するときは被疑者が身体を拘束された時から48時間以内に書類及び証拠物とともにこれを検察官に送致する手続をしなければならない。

205条1項　検察官は、第203条の規定により送致された被疑者を受け取つたときは、弁解の機会を与え、留置の必要がないと思料するときは直ちにこれを釈放し、留置の必要があると思料するときは被疑者を受け取つた時から24時間以内に裁判官に被疑者の勾留を請求しなければならない。

208条1項　前条の規定により被疑者を勾留した事件につき、勾留の請求をした日から10日以内に公訴を提起しないときは、検察官は、直ちに被疑者を釈放しなければならない。

2項　裁判官は、やむを得ない事由があると認めるときは、検察官の請求により、前項の期間を延長することができる。この期間の延長は、通じて10日を超えることができない。

247条　公訴は、検察官がこれを行う。

248条　犯人の性格、年齢及び境遇、犯罪の軽重及び情状並びに犯罪後の情況により訴追を必要としないときは、公訴を提起しないことができる。

316条の33　裁判所は、次に掲げる罪に係る被告事件の被害者等若しくは当該被害者の法定代理人又はこれらの者から委託を受けた弁護士から、被告事件の手続への参加の申出があるときは、被告人又は弁護人の意見を聴き、犯罪の性質、被告人との関係その他の事情を考慮し、相当と認めるときは、決定で、当該被害者等又は当該被害者の法定代理人の被告事件の手続への参加を許すものとする。

1号　故意の犯罪行為により人を死傷させた罪［……］

319条1項　強制、拷問又は脅迫による自白、不当に長く抑留又は拘禁された後の自白その他任意にされたものでない疑のある自白は、これを証拠とすることができない。

2項　被告人は、公判廷における自白であると否とを問わず、その自白が自己に不利益な唯一の証拠である場合には、有罪とされない。

3項　前2項の自白には、起訴された犯罪について有罪であることを自認する場合を含む。

435条　再審の請求は、左［下］の場合において、有罪の言渡をした確定判決に対して、その言渡を受けた者の利益のために、これをすることができる。

1号　原判決の証拠となつた証拠書類又は証拠物が確定判決により偽造又は変造であつたことが証明されたとき。

2号　原判決の証拠となつた証言、鑑定、通訳又は翻訳が確定判決により虚偽であつたことが証明されたとき。［……］

475条1項　死刑の執行は、法務大臣の命令による。

2項　前項の命令は、判決確定の日から6箇月以内にこれをしなければならない。但し、上訴権回復若しくは再審の請求、非常上告又は恩赦の出願若しくは申出がされその手続が終了するまでの期間及び共同被告人であつた者に対する判決が確定するまでの期間は、これをその期間に算入しない。

476条　法務大臣が死刑の執行を命じたときは、5日以内にその執行をしなければならない。

477条1項　死刑は、検察官、検察事務官及び刑事施設の長又はその代理者の立会いの上、これを執行しなければならない。

2項　検察官又は刑事施設の長の許可を受けた者でなければ、刑場に入ることはできない。

478条　死刑の執行に立ち会つた検察事務官は、執行始末書を作り、検察官及び刑事施設の長又はその代理者とともに、これに署名押印しなければならない。

刑事収容施設及び被収容者等の処遇に関する法律（通称：受刑者処遇法）

15条1項　第3条各号に掲げる者［＝刑事施設収容者］は、［……］刑事施設に収容することに代えて、留置施設に留置することができる。［……］

178条1項　死刑は、刑事施設内の刑場において執行する。

2項　日曜日、土曜日、国民の祝日に関する法律［……］に規定する休日、1月2日、1月3日及び12月29日から12月31日までの日には、死刑を執行しない。

179条　死刑を執行するときは、絞首された者の死亡を確認してから5分を経過した後に絞縄を解くものとする。

絞罪器械図式（明治6年太政官布告第65号）

絞罪器械別紙図式ノ通改正相成候間各地方ニ於テ右［下］図式ニ従ヒ製造可致事

絞架全図　実物［……］

本図死囚2人ヲ絞ス可キ装構ナリト雖モ其3人以上ノ処刑ニ用ルモ亦之ニ模倣シテ作リ渋墨ヲ以テ全ク塗ル可シ

凡絞刑ヲ行フニハ先ツ両手ヲ背ニ縛シ紙ニテ面ヲ掩ヒ引テ絞架ニ登セ踏板上ニ立シメ次ニ両足ヲ縛シ次ニ絞縄ヲ首領ニ施シ其咽喉ニ当ラシメ縄ヲ穿ツトコロノ鉄鐶ヲ頂後ニ及ホシ之ヲ緊縮ス次ニ機車ノ柄ヲ挽ケハ踏板忽チ開落シテ囚身地ヲ離ル凡1尺空ニ懸ル凡2分時死相ヲ験シテ解下ス（凡絞刑云々以下ハ原文絞架図面ノ後ニアリ）［……］

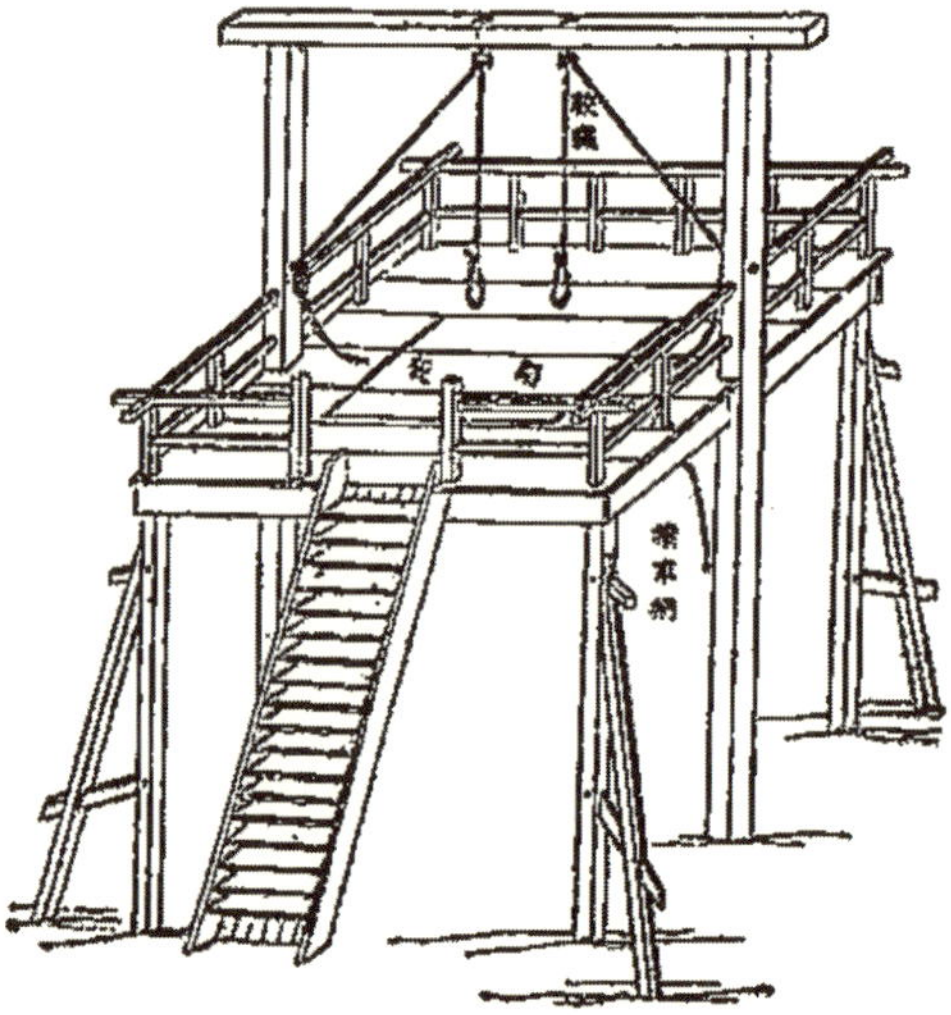

市民的及び政治的権利に関する国際規約（通称：国際人権B規約・自由権規約／訳・外務省）

6条2項　死刑を廃止していない国においては、死刑は、犯罪が行われた時に効力を有しており、かつ、この規約の規定及び集団殺害犯罪の防止及び処罰に関する条約の規定に抵触しない法律により、最も重大な犯罪についてのみ科することができる。この刑罰は、権限のある裁判所が言い渡した確定判決によってのみ執行することができる。

4項　死刑を言い渡されたいかなる者も、特赦又は減刑を求める権利を有する。死刑に対する大赦、特赦又は減刑はすべての場合に与えることができる。

5項　死刑は、18歳未満の者が行った犯罪について科してはならず、また、妊娠中の女子に対して執行してはならない。

6項　この条のいかなる規定も、この規約の締約国により死刑の廃止を遅らせ又は妨げるために援用されてはならない。

7条　何人も、拷問又は残虐な、非人道的な若しくは品位を傷つける取扱い若しくは刑罰を受けない。[……]

9条3項　刑事上の罪に問われて逮捕され又は抑留された者は、裁判官又は司法権を行使することが法律によって認められている他の官憲の面前に速やかに連れて行かれるものとし、妥当な期間内に裁判を受ける権利又は釈放される権利を有する。裁判に付される者を抑留することが原則であってはならず、釈放に当たっては、裁判その他の司法上の手続のすべての段階における出頭及び必要な場合における判決の執行のための出頭が保証されることを条件とすることができる。

4項　逮捕又は抑留によって自由を奪われた者は、裁判所がその抑留が合法的であるかどうかを遅滞なく決定すること及びその抑留が合法的でない場合にはその釈放を命ずることができるように、裁判所において手続をとる権利を有する。

10条1項　自由を奪われたすべての者は、人道的にかつ人間の固有の尊厳を尊重して、取り扱われる。

14条2項　刑事上の罪に問われているすべての者は、法律に基づいて有罪とされるまでは、無罪と推定される権利を有する。

3項　すべての者は、その刑事上の罪の決定について、十分平等に、少なく

とも次の保障を受ける権利を有する。

(a) その理解する言語で速やかにかつ詳細にその罪の性質及び理由を告げられること。

(b) 防御の準備のために十分な時間及び便益を与えられ並びに自ら選任する弁護人と連絡すること。

(c) 不当に遅延することなく裁判を受けること。

(d) 自ら出席して裁判を受け及び、直接に又は自ら選任する弁護人を通じて、防御すること。弁護人がいない場合には、弁護人を持つ権利を告げられること。司法の利益のために必要な場合には、十分な支払手段を有しないときは自らその費用を負担することなく、弁護人を付されること。

(e) 自己に不利な証人を尋問し又はこれに対し尋問させること並びに自己に不利な証人と同じ条件で自己のための証人の出席及びこれに対する尋問を求めること。

(f) 裁判所において使用される言語を理解すること又は話すことができない場合には、無料で通訳の援助を受けること。

(g) 自己に不利益な供述又は有罪の自白を強要されないこと。

拷問及び他の残虐な、非人道的な又は品位を傷つける取扱い又は刑罰に関する条約（通称：拷問等禁止条約／訳・外務省）

1条1項　この条約の適用上、「拷問」とは、身体的なものであるか精神的なものであるかを問わず人に重い苦痛を故意に与える行為であって、本人若しくは第三者から情報若しくは自白を得ること、本人若しくは第三者が行ったか若しくはその疑いがある行為について本人を罰すること、本人若しくは第三者を脅迫し若しくは強要することその他これらに類することを目的として又は何らかの差別に基づく理由によって、かつ、公務員その他の公的資格で行動する者により又はその扇動により若しくはその同意若しくは黙認の下に行われるものをいう。「拷問」には、合法的な制裁の限りで苦痛が生ずること又は合法的な制裁に固有の若しくは付随する苦痛を与えることを含まない。

10条1項　締約国は、拷問の禁止についての教育及び情報が、逮捕され、抑留され又は拘禁される者の身体の拘束、尋問又は取扱いに関与する法執行の職員（文民であるか軍人であるかを問わない。）、医療職員、公務員その他の者に対す

る訓練に十分取り入れられることを確保する。

2項　締約国は、第1項に規定する職員、公務員その他の者の義務及び職務に関する規則又は指示に拷問の禁止を含める。

11条　締約国は、拷問が発生することを無くすため、尋問に係る規則、指示、方法及び慣行並びに自国の管轄の下にある領域内で逮捕され、抑留され又は拘禁される者の身体の拘束及び取扱いに係る措置についての体系的な検討を維持する。

15条　締約国は、拷問によるものと認められるいかなる供述も、当該供述が行われた旨の事実についての、かつ、拷問の罪の被告人に不利な証拠とする場合を除くほか、訴訟手続における証拠としてはならないことを確保する。

16条　締約国は、自国の管轄の下にある領域内において、第1条に定める拷問には至らない他の行為であって、残虐な、非人道的な又は品位を傷つける取扱い又は刑罰に当たり、かつ、公務員その他の公的資格で行動する者により又はその扇動により若しくはその同意若しくは黙認の下に行われるものを防止することを約束する。[……]

死刑廃止を企図する市民的及び政治的権利に関する国際規約に関する第2選択議定書（通称：自由権規約第2選択議定書・死刑廃止条約／訳・石川裕一郎）

本議定書の締約国は、

死刑廃止が、人間の尊厳及び人権の漸進的発展の推進に寄与することを確信し、

1948年12月10日に採択された世界人権宣言第3条、及び1966年12月16日に採択された市民的及び政治的権利に関する国際規約第6条を想起し、

市民的及び政治的権利に関する国際規約第6条が、この刑罰の廃止が望ましいと明確に示唆する文言をもって死刑廃止に言及していることに留意し、

死刑廃止に対してとられるあらゆる措置が生命に対する権利の享受に関する進歩であると考えられなければならないことを確信し、

本議定書によって死刑を廃止するという国際的な約定をなすことを熱望し、

以下のように協定した。

1条1項　本議定書締約国の裁判権に属する何人も、処刑されない。

2項　各締約国は、その裁判権の管轄下において死刑を廃止するために必要なあらゆる措置をとらなければならない。[……]

編著者紹介

伊藤 和子（いとう・かずこ）
弁護士、国際人権 NGO ヒューマンライツ・ナウ事務局長
1966 年生。早稲田大学法学部卒業。1994 年弁護士登録（東京弁護士会所属）。米ニューヨーク大学ロースクール留学。東京三弁護士会陪審制度委員会副委員長、日本弁護士連合会司法改革実現本部幹事として、刑事司法改革・裁判員制度に携わる。裁判員制度に関し、参議院公聴会にて公述。現在、東京弁護士会両性の平等に関する委員会副委員長、日弁連国際人権問題委員会幹事、同取調べの可視化実現本部委員等。主な著作に『誤判を生まない裁判員制度への課題：アメリカ刑事司法改革からの提言』（現代人文社）、『イラク「人質」事件と自己責任論：私たちはこう動いた・こう考える』（共著、大月書店）、『なぜ無実の人が自白するのか：DNA 鑑定は告発する』（訳、日本評論社）。

寺中 誠（てらなか・まこと）
社団法人アムネスティ・インターナショナル日本事務局長、東京経済大学現代法学部客員教授
1960 年生。早稲田大学法学部卒業、同大学院法学研究科博士後期課程単位取得。専門は犯罪学・刑事政策論・国際人権法。主な著作に『平和・人権・NGO』（共著、新評論）、『外国人包囲網』（共著、現代人文社）、『国際 NGO が世界を変える』（共著、東信堂）、『入門国際刑事裁判所』（共著、現代人文社）、『インターネット法学入門』（共著、日本評論社）、「死刑は、政治的意思によって廃止できる：人権侵害の象徴としての死刑」（『世界』779 号）、「政治情勢と死刑：80 年代ソ連での動きを中心として」（『自由と正義』42 号）、「政治的文脈のなかの死刑」（『インパクション』80 号）。

石川 裕一郎（いしかわ・ゆういちろう）
聖学院大学政治経済学部政治経済学科准教授
1967 年生。早稲田大学法学部卒業、同大学院法学研究科博士後期課程単位取得。専門は憲法・フランス法。主な著作に『リアル憲法学』（共著、法律文化社）、『フランスの憲法判例』（共著、信山社）、『憲法理論叢書⑫：現代社会と自治』（共著、敬文堂）、「渋谷区条例：『安全／セキュリティ』という視座」（『法と民主主義』377 号）、「コミュニティの安全確保における市民団体の役割：『中間団体理論』と『主体性理論』から分析される生活安全条例」（『月刊自治研』529 号）、「自由と安全：憲法学から考える」（『法学セミナー』641 号）、主な訳書に『フランス法律用語辞典』（共訳、三省堂）。

刊行にあたって

この「時代」をどう考えるか――本シリーズは、大学教育を刷新する試みから生まれた。

今日、大学における教育内容の希薄化を指摘し、「役に立つ教育」を求める声が大きい。しかし、「学問の府たる大学こそが提供しうる役に立つ教育とは何か」という重要な問いが置き去りにされているのではないか。

大学における学びとは、学生が、時代を超えて事象の本質を問う「学問」に出合うことによって、眼前にある社会の諸問題に鋭く切りこむ力を得ることである。それは、変転めまぐるしいこの時代を力強く生きるための「実力」を、若者たちが手に入れることを意味する。

このような考えのもと、私たちは、新たな教育プログラムを導入することにした。それは、少人数での濃密な学習を経て、社会の第一線で活躍する諸氏を招いた講演・討論会に参加し、一人ひとりの学生が自らの問いを彼らに投げかけるというものである。そこで織りなされる学問的知見と社会的現実の交錯は、「大学での学問」と「役に立つ実力」を学生たちに獲得させる。

私たちは、その成果を形にし、評価を広く世に仰ぐべきと考え、ここに本シリーズを刊行する。この試みが、この「時代」に学問と実力を備えて向き合うための、ささやかな「導き」となるならば、私たちにとって望外の喜びである。

聖学院大学政治経済学部

写真撮影：石原康男

装幀：勝木雄二

シリーズ 時代を考える

裁判員と死刑制度――日本の刑事司法を考える

2010年3月25日　第1版第1刷発行

著　者＝伊藤和子・寺中 誠

編　者＝石川裕一郎

企　画＝土方 透

発行者＝株式会社 新 泉 社

東京都文京区本郷 2-5-12

振替・00170-4-160936番　TEL 03（3815）1662／FAX 03（3815）1422

印刷／萩原印刷　製本／榎本製本

ISBN978-4-7877-1006-2　C0036

シリーズ 時代を考える

創造するリベラル

加藤紘一・姜尚中 共著　1000円＋税

確固としてリベラルを貫く政治家・加藤紘一氏と、時代の趨勢を明快に論じる政治学者・姜尚中氏。政治が抱える課題を、鋭く縦横に語りつくす。

湯浅誠が語る「現代の貧困」

湯浅 誠 著　金子 勝〈対談〉　1000円＋税

まっとうな社会へ、私たちに何ができるのか。支援活動にもとづいて湯浅誠氏が、若者たちへ語りかけ、金子勝氏との対談で論点をえぐり出す。